Babykleidung

super-einfach selber stricken

Frédérique Alexandre

Babykleidung

super-einfach selber stricken

1 Prinzip –
30 niedliche Modelle.
Von 0 bis 12 Monaten.
Ideal für Anfänger.

Bassermann

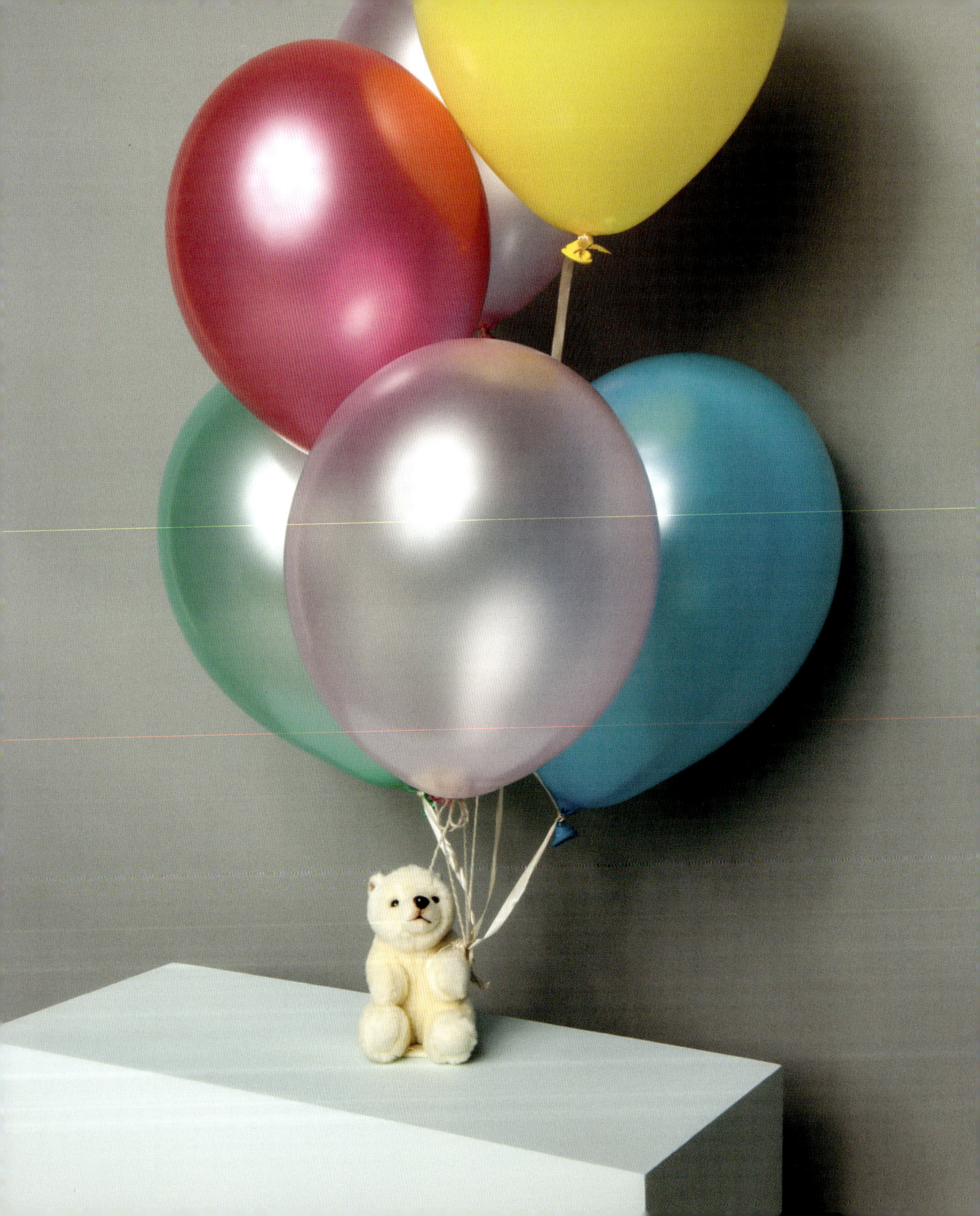

Das können Sie stricken:

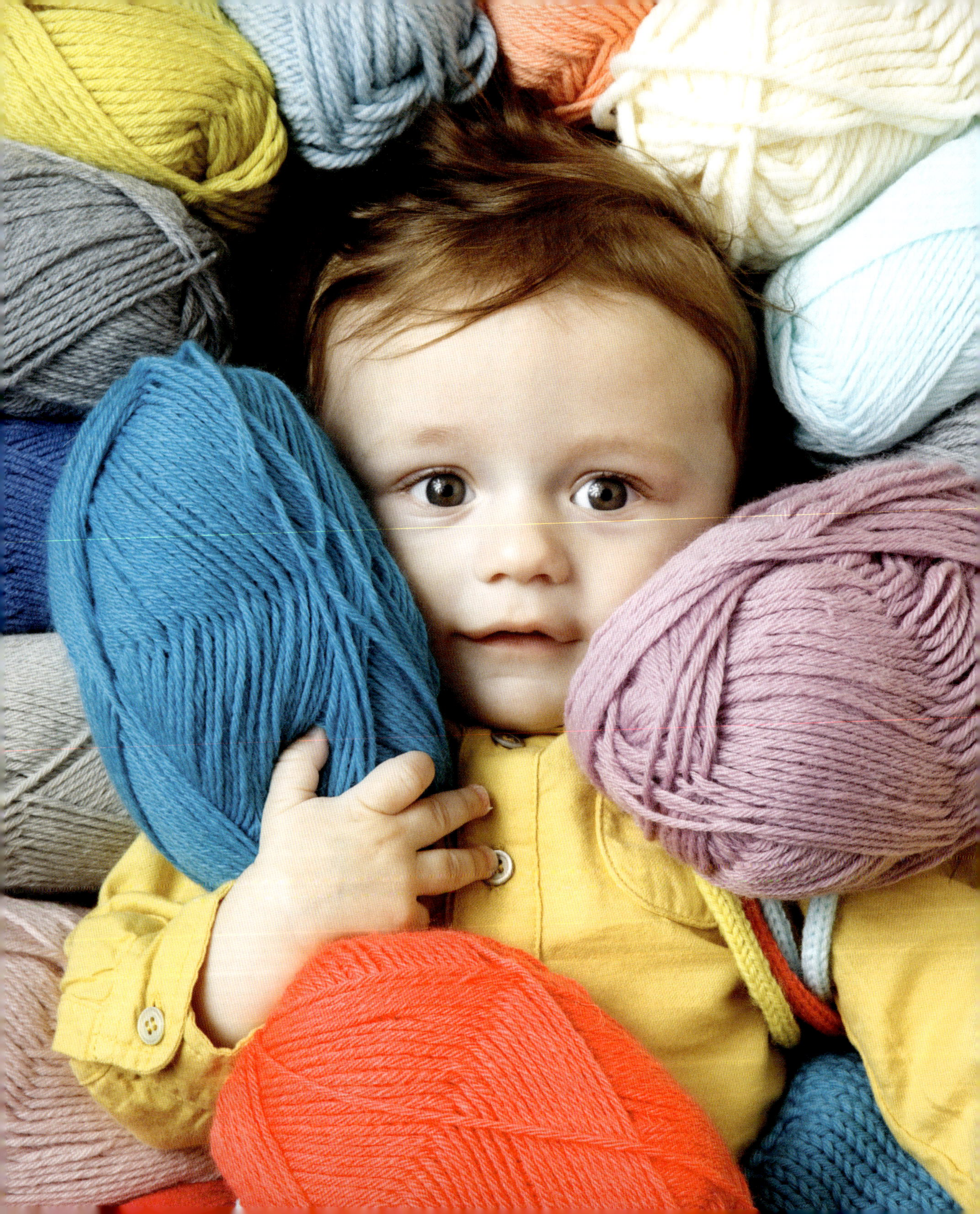

Hinweise

Dieses Buch führt Sie auf spielerische Art und Weise durch die Anleitungen – stricken soll Spaß machen! Durch die Strickanleitungen werden Sie mithilfe von Skizzen, Pfeilen und Nummerierungen geführt, und auch das Fertigstellen der Strickarbeiten wird mit Skizzen, Pfeilen und Farben veranschaulicht. So gelingt die bezaubernde Babymode im Handumdrehen!

Die Anleitung ist in 3 Größen, in 2 Größen oder in Einheitsgröße verfasst. Die am Anfang des Projekts angegebene Reihenfolge der Größen entspricht der Abfolge der Ziffern in den Strickanleitungen und Schnittmustern. Hinweise auf die jeweiligen Größen finden sich zu Beginn jeder Anleitung. In den Anleitungen entsprechen die Bilder der Außenseite Ihrer Strickarbeit.

Im Abschnitt über das **Material** ist die Qualität des Garns angegeben, auf dem die Anleitung beruht. Sie können Varianten stricken, indem Sie andere Garne oder Stricknadeln wählen. Um die richtige Größe sicherzustellen, sollten Sie in diesen Fällen unbedingt eine **Maschenprobe** anfertigen. In der Wahl der **Farben** sind Sie natürlich vollkommen frei!

Unter **Strickmuster** werden die verwendeten Strickarten erklärt. Bei manchen Modellen finden Sie hier auch eine Anleitung, wie Sie Streifen richtig anordnen.

Jede Strickarbeit beginnt mit dem **Anschlagen der Maschen**. Danach ist **jeder Arbeitsschritt am Anfang mit einer Ziffer** versehen. Sie beginnen also bei 1.), machen weiter bei 2.) usw. und führen nacheinander die einzelnen Arbeitsschritte aus.

Die Pfeile weisen auf die Stelle, an der Sie sich beim Stricken gerade befinden, und sie markieren, wo Sie abnehmen, zunehmen oder mit einem neuen Strickmuster beginnen müssen.

Angaben zwischen Sternchen *xxx* entsprechen den Schritten, die wiederholt werden müssen.

Unter **Zusammenfügen und fertigstellen** helfen Farben bei der richtigen Anordnung der Einzelteile: Gelb wird an Gelb genäht, Rot an Rot usw. So entstehen die Seitennähte, und Ärmel werden korrekt eingesetzt. Hier wird auch gezeigt, wie eine Kapuze in verschiedenen Schritten anzunähen ist und wie Taschen, Knopflöcher oder die verschiedenen Stickereien anzubringen sind.

Alle Modelle in diesem Buch sind aus Garnen des französischen Herstellers Phildar angefertigt. Diese sind in Deutschland in vielen Wollläden erhältlich. Es gibt zahlreiche **Bezugsquellen** im Internet, zum Beispiel www.wolle-wolle.de oder der deutschsprachige Shop eines großen Wollvertriebs in Luxemburg www.wollzauber.com. Auch Direktbestellungen unter www. phildar.fr sind möglich – diese Website ist auf Französisch und es fallen erhöhte Versandkosten an. Falls Sie sich für Garne anderer Hersteller entscheiden, stellen Sie mithilfe der Maschenprobe sicher, dass Ihr Ergebnis die passende Größe hat.

Im Buch verwendete **Abkürzungen**: M = Masche(n) R = Reihe(n)

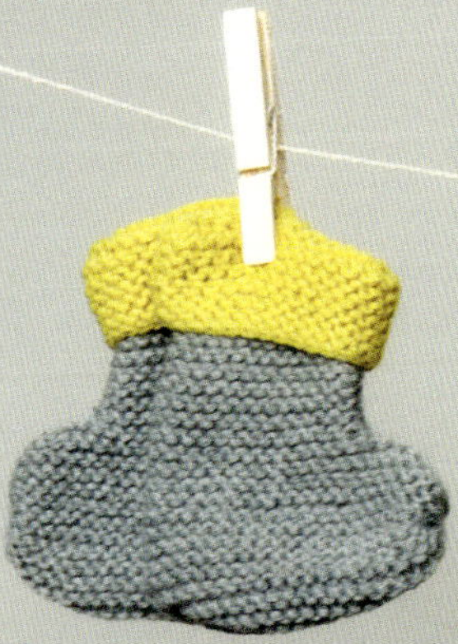

1. Schuhe

Zweifarbig kraus rechts gestrickt, Garn Phildar Phil Partner 3,5, Nadeln Nr. 3.

2. Pullover

Glatt rechts gestrickt mit Streifen und mit Abschlüssen in Kraus rechts, Garn Phildar Phil Partner 3,5, Nadeln Nr. 3 und Nr. 3,5.

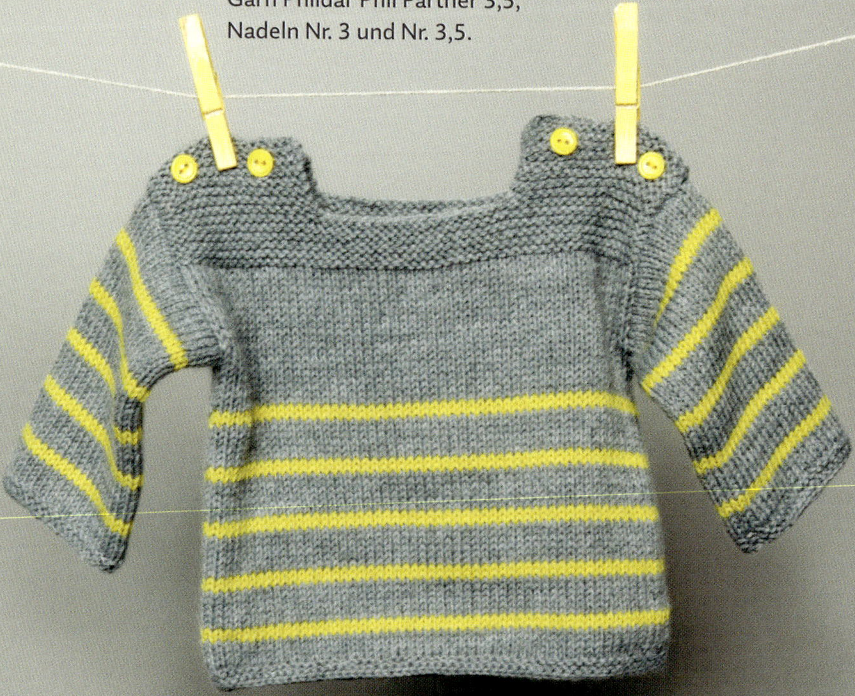

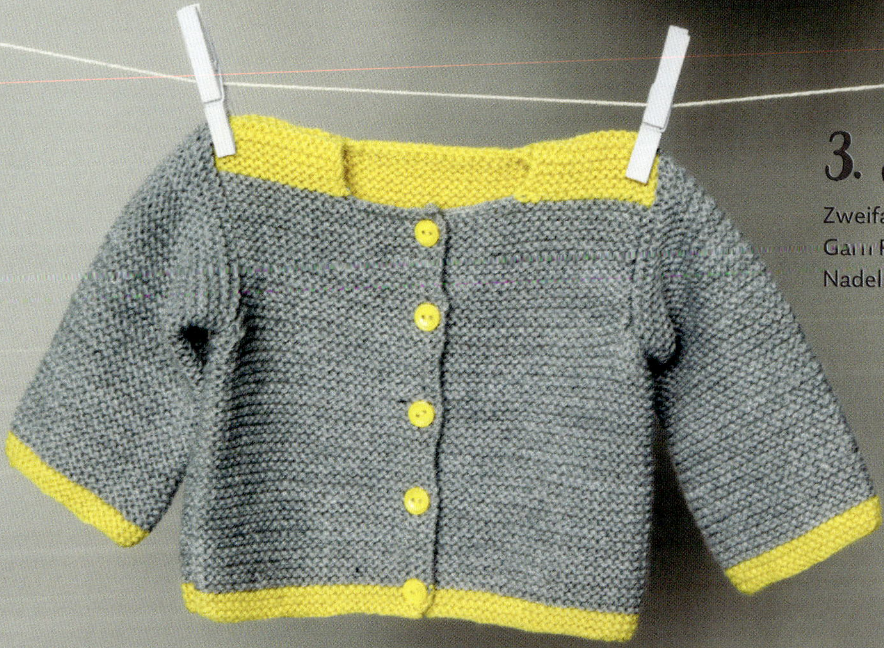

3. Jäckchen

Zweifarbig kraus rechts gestrickt, Garn Phildar Phil Partner 3, Nadeln Nr. 3.

1. Schuhe

Einheitsgröße

Passend von der Geburt bis 3 Monate.

Material

- Phildar Phil Partner 3,5 (50 % Polyamid, 25 % Wolle, 25 % Polyacryl): 1 Knäuel in Grau, 1 Knäuel in Gelb (Maschenprobe siehe Seite 13)
- Stricknadeln Nr. 3

Strickmuster

- **Kraus rechts**

  1. Reihe (Hinreihe): alle M rechts stricken.

  2. Reihe (Rückreihe): alle M rechts stricken.

  Diese 2 Reihen immer wiederholen.

Um Varianten zu stricken, können Sie andere Nadeln, Garne oder Farben verwenden als im Abschnitt „Material“ angegeben.

Schnittmuster

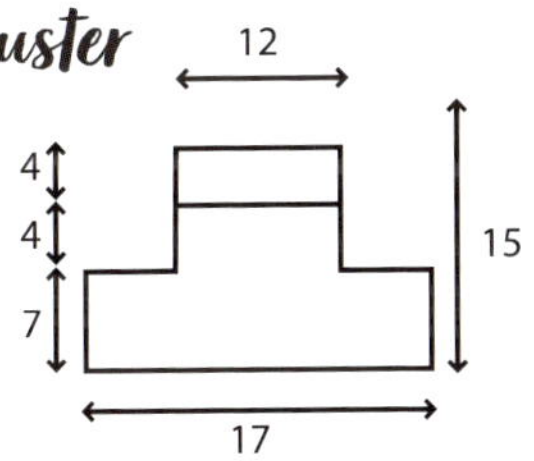

Anleitung

5.) Bei 15 cm Gesamthöhe die 29 M locker abketten.

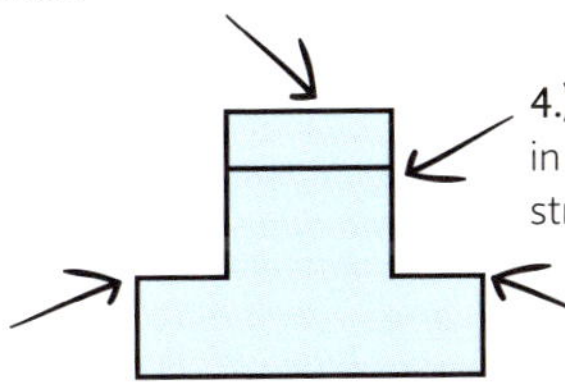

4.) Ab 11 cm Gesamthöhe in Gelb kraus rechts stricken.

3.) Bei 7 cm Gesamthöhe 7 M abketten.

2.) Bei 7 cm Gesamthöhe 7 M abketten.

1.) 43 M mit Nadeln Nr. 3 in Grau anschlagen. Kraus rechts stricken.

Zusammenfügen und fertigstellen

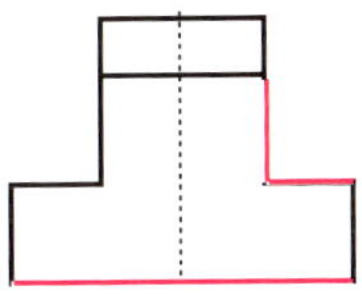

Das Schühchen in der Mitte falten.

Die Sohlen- und Schaftnaht schließen, dazu den Schaft bei 4 cm nach Außen umschlagen. Die Naht oben am Fußrücken schließen.

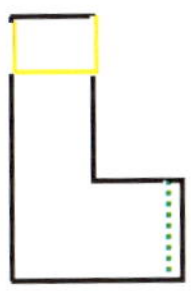

Das Stück in Gelb über das Stück in Grau umschlagen.

Einen Faden durch die Schuhspitze führen und festziehen.

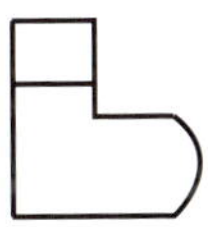

2. Pullover

Größen

3 Monate (6 Monate / 12 Monate)

Die Anleitung ist in 3 Größen verfasst. Die am Anfang des Projekts angegebene Reihenfolge der Größen entspricht der Ziffernfolge in den Schnittmustern. Nebeneinander angeordnete Ziffern geben die Maschenzahl an, untereinander stehende sind Zentimeterangaben.
Beispiel: Für die Größe 6 Monate müssen Sie sich in Anleitung und Schnittmuster an die erste Ziffer in der Klammer halten und bei den senkrecht neben den Schnittmustern stehenden Ziffern an die mittlere.

Material

◊ Phildar Phil Partner 3,5 (50 % Polyamid, 25 % Wolle und 25 % Polyacryl): **2 (2/3)** Knäuel in Grau, **1 (1/1)** Knäuel in Gelb
◊ Stricknadeln Nr. 3 und Nr. 3,5
◊ 4 Knöpfe

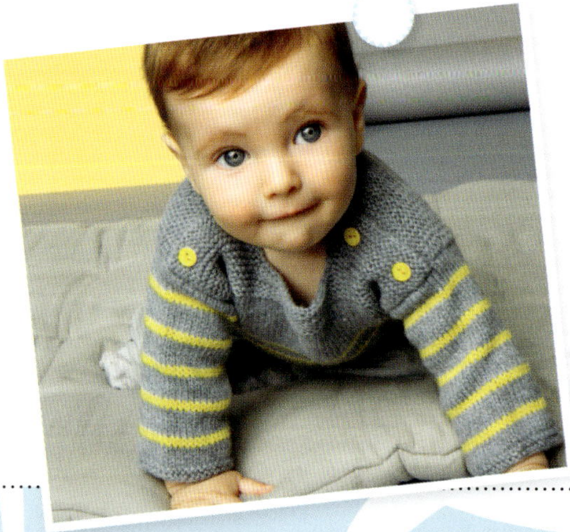

Strickmuster

◊ **Kraus rechts**
1. Reihe (Hinreihe): alle M rechts stricken.
2. Reihe (Rückreihe): alle M rechts stricken.
Diese 2 Reihen immer wiederholen.

◊ **Glatt rechts**
1. Reihe (Hinreihe): alle M rechts stricken.
2. Reihe (Rückreihe): alle M links stricken .
Diese 2 Reihen immer wiederholen.

◊ **Glatt rechts gestreift**
4 Reihen rechts in Grau, *2 Reihen rechts in Gelb. 6 Reihen rechts in Grau*, von * bis * insgesamt 4-mal wiederholen und mit 2 Reihen in Gelb abschließen.

Maschenprobe

Stellen Sie durch das Anfertigen einer Maschenprobe sicher, dass die Größe Ihrer Arbeit mit der Anleitung übereinstimmt.
Glatt rechts oder glatt rechts gestreift mit Nadeln Nr. 3,5:
10 cm = 23 M und 30 R.
Kraus rechts mit Nadeln Nr. 3:
10 cm = 23 M und 45 R.

Schnittmuster

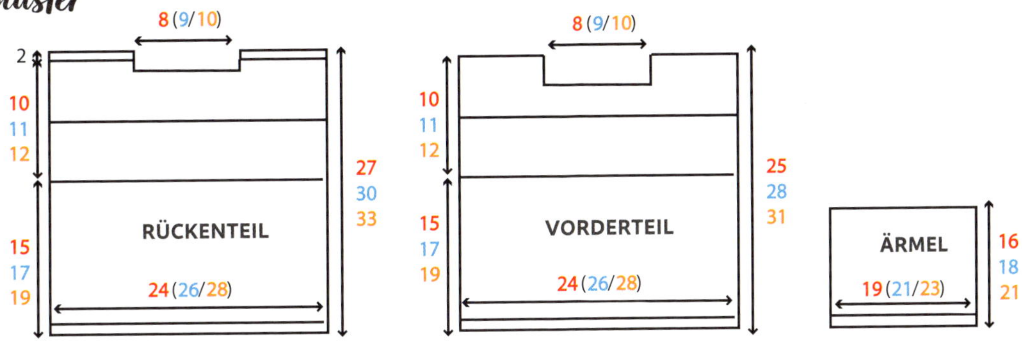

Anleitung

RÜCKENTEIL

1.) **57 (61/67)** M mit Nadeln Nr. 3 in Grau anschlagen. 4 R kraus rechts stricken.

2.) Glatt rechts gestreift mit Nadel Nr. 3,5: 4 R in Grau, *2 R in Gelb, 6 R in Grau* weiterstricken, * bis * insgesamt 4-mal wiederholen und mit 2 R in Gelb abschließen.

3.) Bei **15 (17/19)** cm Gesamthöhe die Randmasche mit einem bunten Faden für das Ärmelloch markieren.

4.) Bei **15 (17/19) cm** Gesamthöhe die Randmasche mit einem bunten Faden für das Ärmelloch markieren.

5.) Ab **15 (17/19)** cm Gesamthöhe glatt rechts in Grau weiterstricken.

6.) Ab **20 (22/24)** cm Gesamthöhe kraus rechts mit Nadel Nr. 3 weiterstricken.

7.) Bei **24 (27/30)** cm Gesamthöhe **14 (15/17)** M stricken, die folgenden **19 (21/23)** M für den Halsausschnitt abketten und die verbleibenden **14 (15/17)** M stricken.

8.) Die M auf der linken Seite weiterstricken.

9.) Bei **25 (28/31)** cm Gesamthöhe die Randmasche mit einem bunten Faden für die Knopfleiste markieren.

10.) Bei **27 (30/33)** cm Gesamthöhe die M für die Schulter abketten.

11.) Die **14 (15/17)** M der rechten Seite weiterstricken.

12.) Bei **25 (28/31)** cm Gesamthöhe die Randmasche mit einem bunten Faden für die Knopfleiste markieren.

13.) Bei **27 (30/33)** cm Gesamthöhe die M für die Schulter abketten.

ÄRMEL
2-MAL STRICKEN

1.) **46 (50/54)** M mit Nadeln Nr. 3 in Grau anschlagen.
4 R kraus rechts stricken.

2.) Glatt rechts gestreift mit Nadeln Nr. 3,5: 4 R in Grau, *2 R in Gelb, 6 R in Grau* weiterstricken, * bis * wiederholen.

3.) Bei **16 (18/21)** cm Gesamthöhe die M abketten.

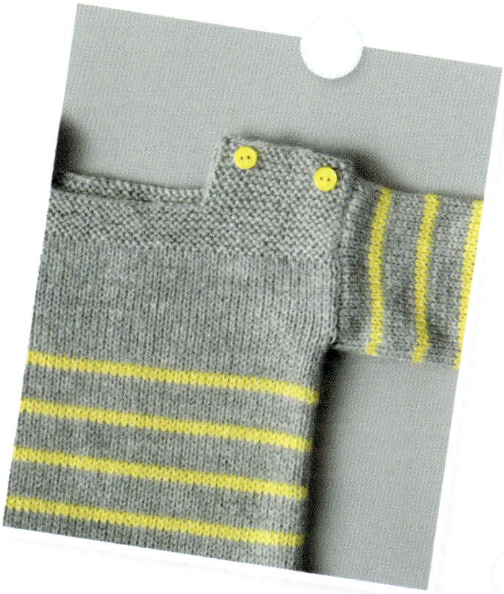

Anleitung Pullover

VORDERTEIL

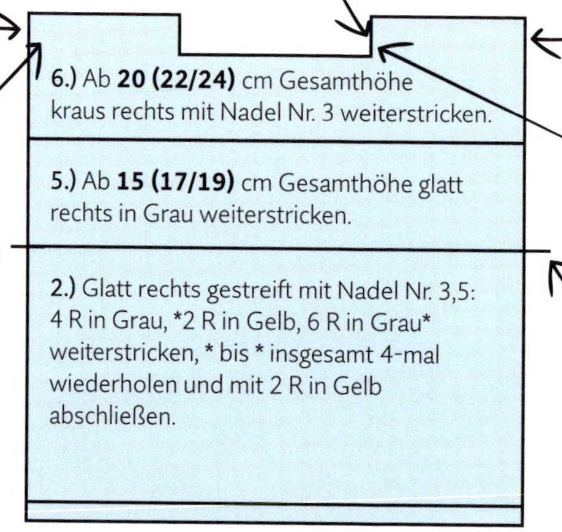

1.) **57 (61/67)** M mit Nadeln Nr. 3 in Grau anschlagen. 4 R kraus rechts stricken.

2.) Glatt rechts gestreift mit Nadel Nr. 3,5: 4 R in Grau, *2 R in Gelb, 6 R in Grau* weiterstricken, * bis * insgesamt 4-mal wiederholen und mit 2 R in Gelb abschließen.

3.) Bei **15 (17/19)** cm Gesamthöhe die Randmasche mit einem bunten Faden für das Ärmelloch markieren.

4.) Bei **15 (17/19)** cm Gesamthöhe die Randmasche mit einem bunten Faden für das Ärmelloch markieren.

5.) Ab **15 (17/19)** cm Gesamthöhe glatt rechts in Grau weiterstricken.

6.) Ab **20 (22/24)** cm Gesamthöhe kraus rechts mit Nadel Nr. 3 weiterstricken.

7.) Bei **22 (25/27)** cm Gesamthöhe **14 (15/17)** M stricken, die folgenden **19 (21/23)** M für den Halsausschnitt abketten und die verbleibenden **14 (15/17)** M stricken.

8.) Die M auf der linken Seite weiterstricken.

9.) Bei **25 (28/31)** cm Gesamthöhe die M für die Schulter abketten.

10.) Die **14 (15/17)** M der rechten Seite weiterstricken.

11.) Bei **25 (28/31)** cm Gesamthöhe die M für die Schulter abketten.

Zusammenfügen und fertigstellen

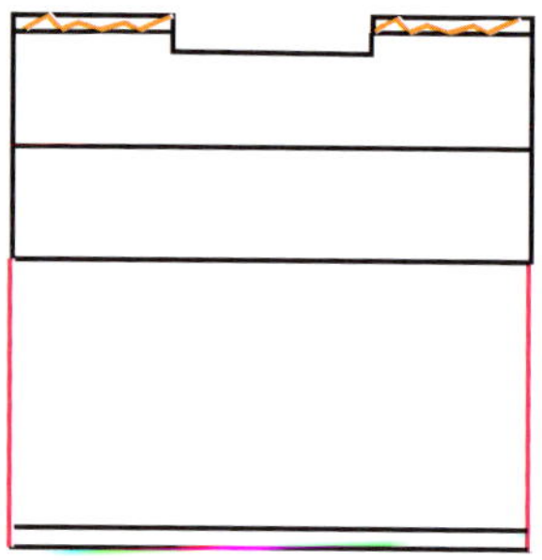

RÜCKENTEIL

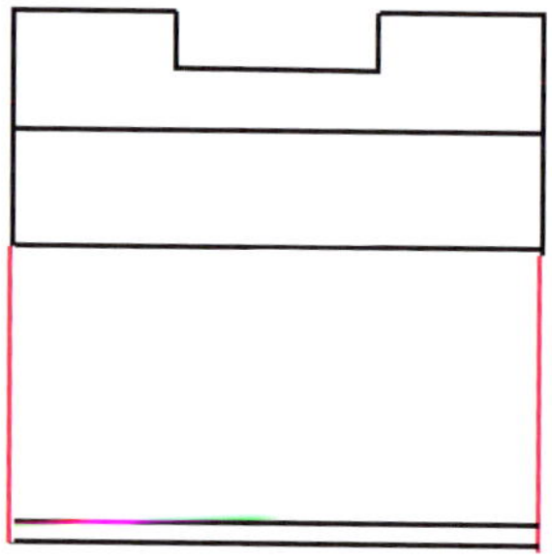

VORDERTEIL

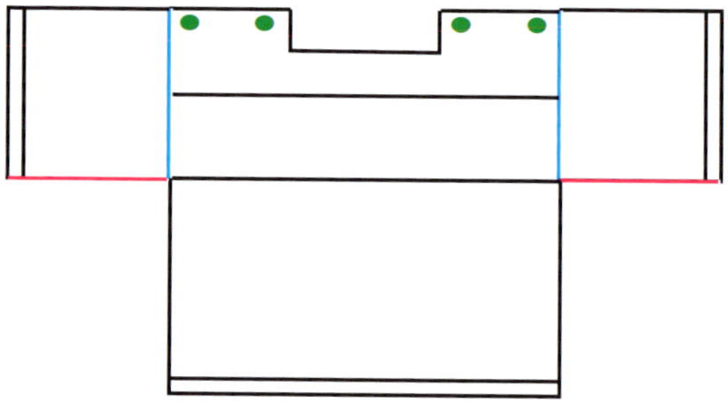

VORDERTEIL

— (rot) Die Seitennähte schließen.

~ (orange) Die Knopfleisten nach innen umschlagen und feststecken.

— (blau) Die Ärmel in die Ärmellöcher einsetzen.

— (rot) Die Ärmel schließen.

● (grün) 2 Knopflöcher durch Auseinanderschieben der Maschen vorne an den Schultern bilden und mit ein paar Stichen fixieren. Dann die Knöpfe an die Knopfleisten am Rückenteil annähen.

3. Jäckchen

Größen

3 Monate (6 Monate / 12 Monate)

Die Anleitung ist in 3 Größen verfasst. Die am Anfang des Projekts angegebene Reihenfolge der Größen entspricht der Ziffernfolge in den Schnittmustern. Nebeneinander angeordnete Ziffern geben die Maschenzahl an, untereinander stehende sind Zentimeterangaben.

Beispiel: Für die Größe 6 Monate müssen Sie sich in Anleitung und Schnittmuster an die erste Ziffer in der Klammer halten und bei den senkrecht neben den Schnittmustern stehenden Ziffern an die mittlere.

Material

- Phildar Phil Partner 3,5 (50 % Polyamid, 25 % Wolle und 25 % Polyacryl): **2 (3/4)** Knäuel in Grau, **1 (1/1)** Knäuel in Gelb
- Stricknadeln Nr. 3
- 5 Knöpfe

Maschenprobe

- **Kraus rechts**

  1. Reihe (Hinreihe): alle M rechts stricken.

  2. Reihe (Rückreihe): alle M rechts stricken.

  Diese 2 Reihen immer wiederholen.

Maschenprobe

Stellen Sie durch das Anfertigen einer Maschenprobe sicher, dass die Größe Ihrer Arbeit mit der Anleitung übereinstimmt.

Kraus rechts mit Nadeln Nr. 3: 10 cm = 23 M und 45 R.

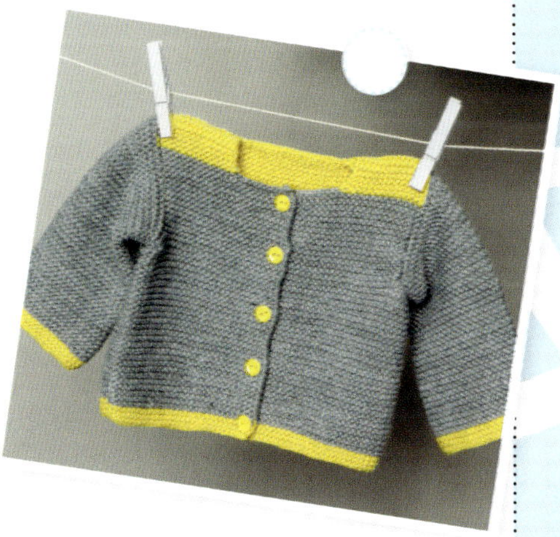

Schnittmuster

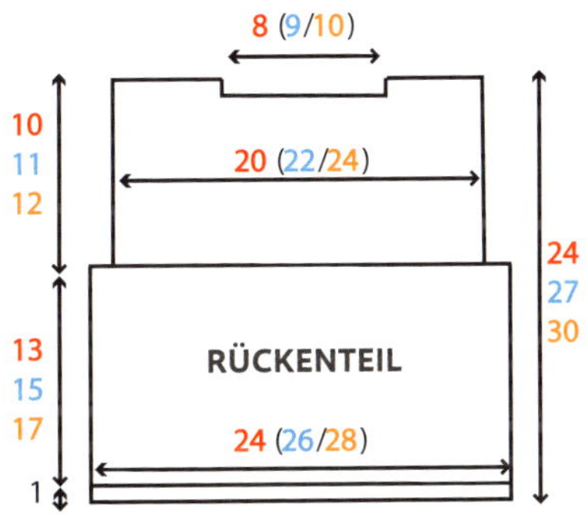

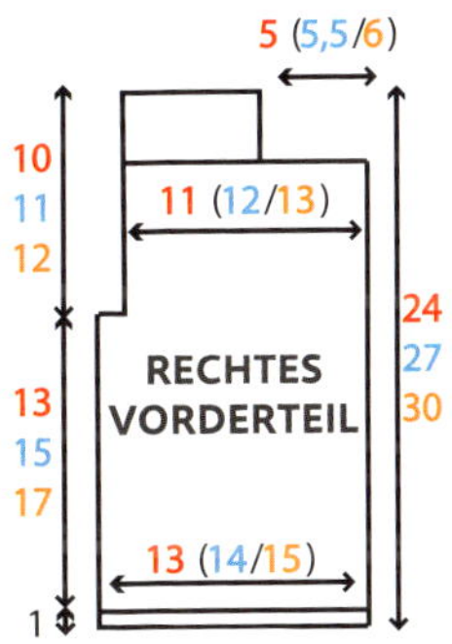

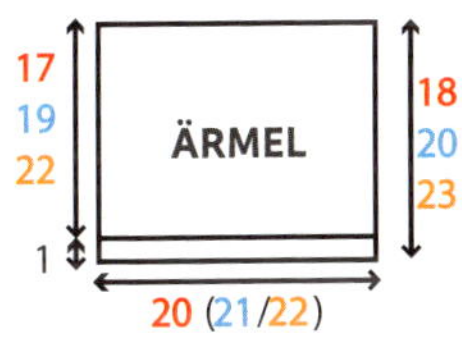

Anleitung Jäckchen

RÜCKENTEIL

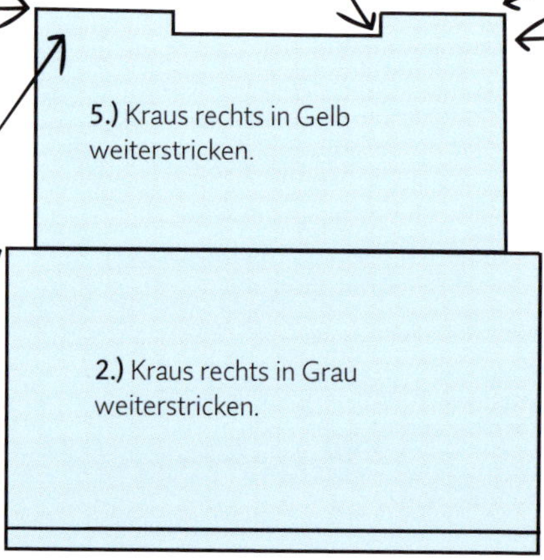

1.) **57 (61/67)** M mit Nadeln Nr. 3 in Gelb anschlagen. 1 cm kraus rechts stricken.

2.) Kraus rechts in Grau weiterstricken.

3.) Bei **14 (16/18)** cm Gesamthöhe 5 M für das Ärmelloch abketten. Es bleiben **52 (56/62)** M stehen.

4.) Bei **14 (16/18)** cm Gesamthöhe 5 M für das Ärmelloch abketten. Es bleiben **47 (51/57)** M stehen.

5.) Kraus rechts in Gelb weiterstricken.

6.) Bei **23 (26/29)** cm Gesamthöhe **14 (15/17)** M stricken, die folgenden **19 (21/23)** M für den Halsausschnitt abketten und die verbleibenden **14 (15/17)** M stricken.

7.) Die M der linken Seite weiterstricken.

8.) Bei **24 (27/30)** cm Gesamthöhe die M für die Schulter abketten.

9.) Die **14 (15/17)** M der rechten Seite weiterstricken.

10.) Bei **24 (27/30)** cm Gesamthöhe die M für die Schulter abketten.

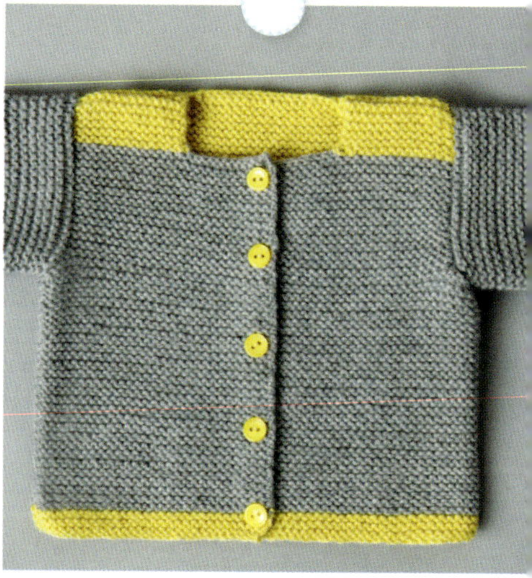

RECHTES VORDERTEIL

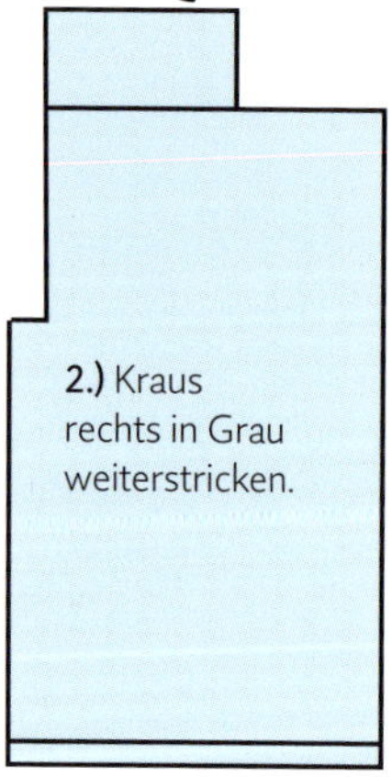

1.) **31 (33/36)** M mit Nadeln Nr. 3 in Gelb anschlagen. 1 cm kraus rechts stricken.

2.) Kraus rechts in Grau weiterstricken.

3.) Bei **14 (16/18)** cm Gesamthöhe 5 M für das Ärmelloch abketten.Es bleiben **26 (28/31)** M stehen.

4.) Bei **20 (23/25)** cm Gesamthöhe die folgenden **19 (21/23)** M für den Halsausschnitt abketten und die verbleibenden **14 (15/17)** M in Gelb stricken.

5.) Bei **24 (27/30)** cm Gesamthöhe die M für die Schulter abketten.

ÄRMEL
2-MAL STRICKEN

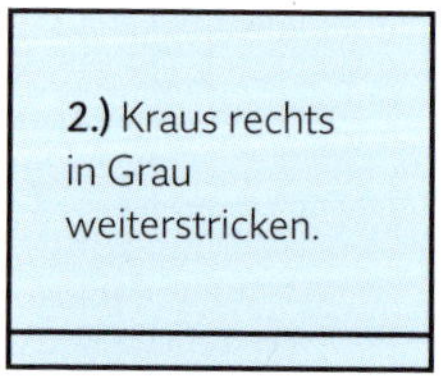

1.) **46 (50/54)** M mit Nadeln Nr. 3 in Gelb anschlagen. 1 cm kraus rechts stricken.

2.) Kraus rechts in Grau weiterstricken.

3.) Bei **18 (20/23)** cm Gesamthöhe die M abketten.

LINKES VORDERTEIL

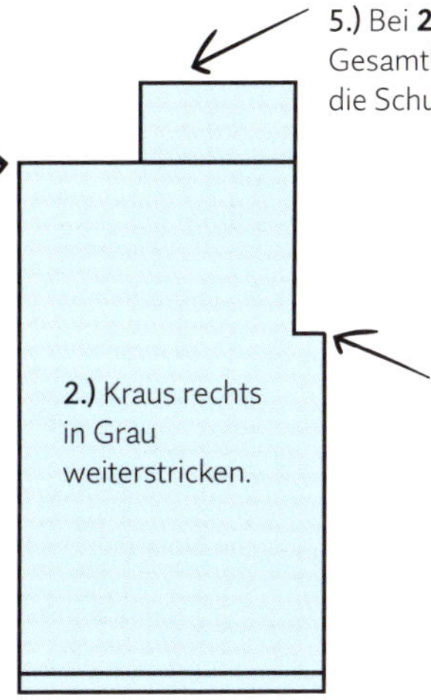

1.) **31 (33/36)** M mit Nadeln Nr. 3 in Gelb anschlagen. 1 cm kraus rechts stricken.

3.) Bei **14 (16/18)** cm Gesamthöhe 5 M für das Ärmelloch abketten. Es bleiben **26 (28/31)** M stehen.

4.) Bei **20 (23/25)** cm Gesamthöhe die folgenden **19 (21/23)** M für den Halsausschnitt abketten und die verbleibenden **14 (15/17)** M in Gelb stricken.

5.) Bei **24 (27/30)** cm Gesamthöhe die M für die Schulter abketten.

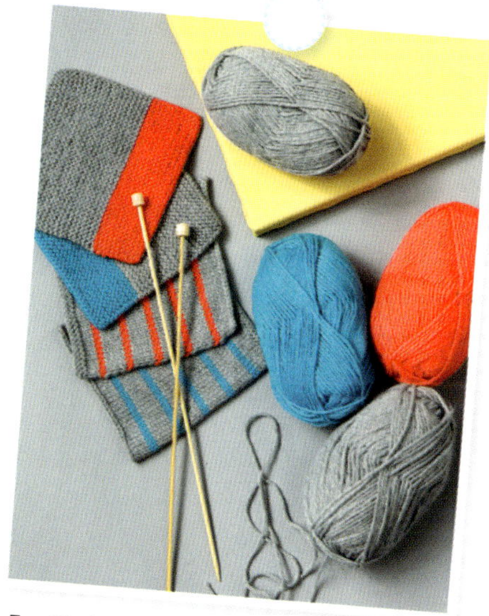

Zwei Farbvarianten für alle Modelle der Seiten 8 bis 15: Garn Phildar Phil Partner 3,5 in Grau mit Rot oder Grau mit Blau. Die beiden Mustervariaten sind kraus rechts und glatt rechts gestreift.

Zusammenfügen und fertigstellen

RÜCKENTEIL

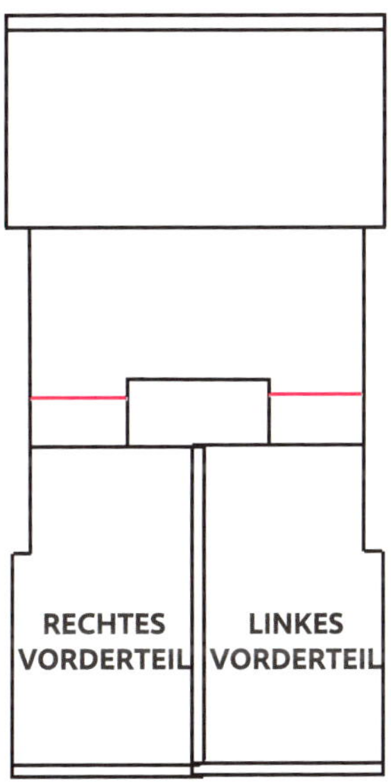

— Die Schulternähte schließen.

ÄRMEL

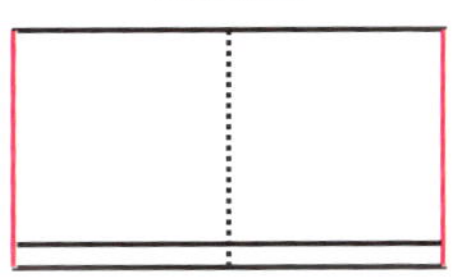

...... Die Ärmel in der Mitte falten.

— Die Ärmelnaht schließen.

VORDERTEIL

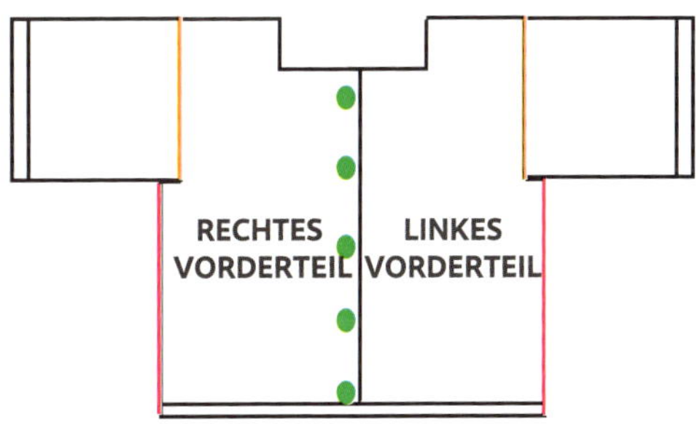

— Die Ärmel in die Ärmellöcher einsetzen.

— Die Seitennähte schließen.

● 5 Knopflöcher durch Auseinanderschieben der Maschen am halben rechten Vorderteil 3 M vom Rand entfernt bilden und mit ein paar Stichen fixieren. Dabei das 1. oberhalb der Krausrippe und das letzte 1 cm unterhalb des Ausschnitts einarbeiten, die anderen Knopflöcher in gleichmäßigen Abständen dazwischen setzen.

— Die Knöpfe gegenüber am linken Vorderteil annähen.

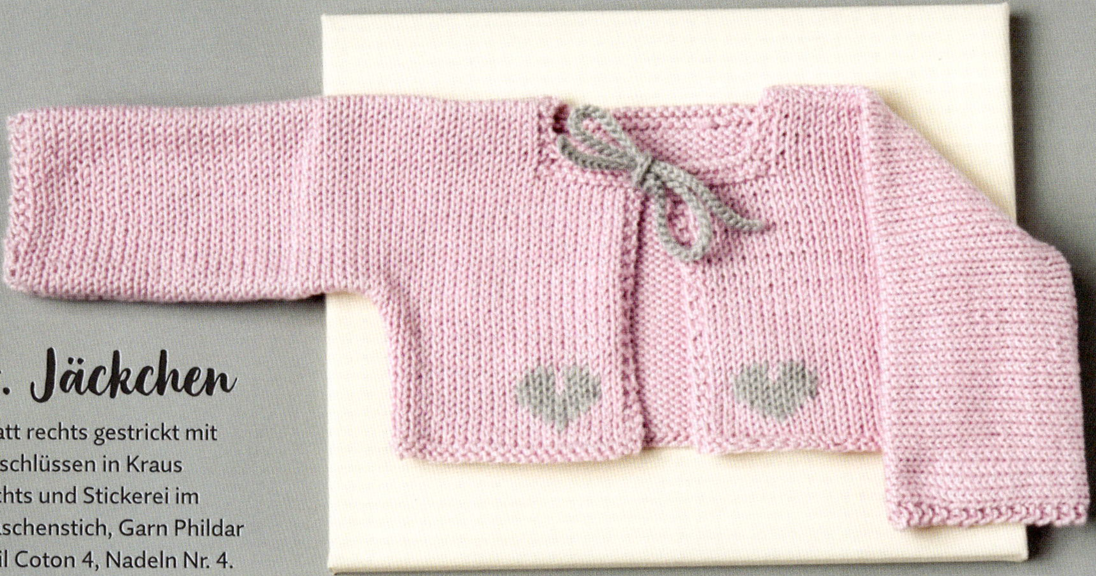

4. Jäckchen

Glatt rechts gestrickt mit Abschlüssen in Kraus rechts und Stickerei im Maschenstich, Garn Phildar Phil Coton 4, Nadeln Nr. 4.

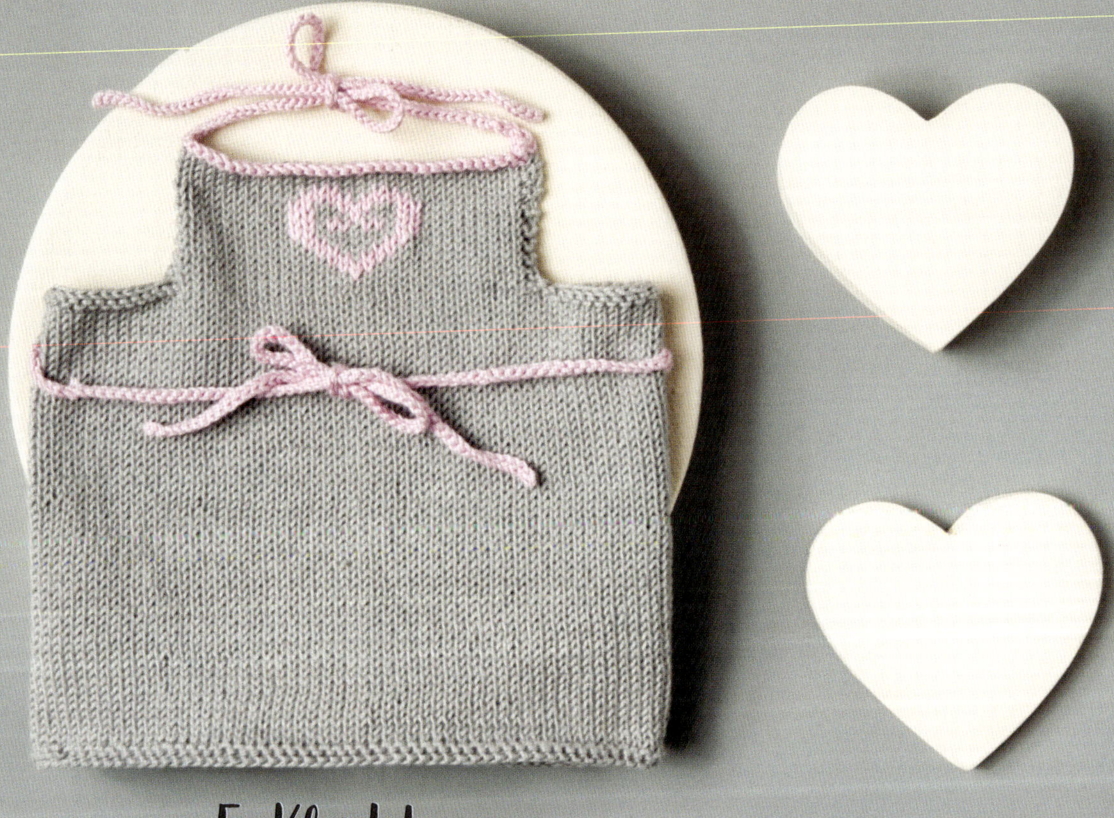

5. Kleidchen

Glatt rechts gestrickt mit Abschlüssen in Kraus rechts und Stickerei, Garn Phildar Phil Coton 4, Nadeln Nr. 4.

4. Jäckchen

Größen

3 Monate (6 Monate / 12 Monate)

Die Anleitung ist in 3 Größen verfasst. Die am Anfang des Projekts angegebene Reihenfolge der Größen entspricht der Ziffernfolge in den Schnittmustern. Nebeneinander angeordnete Ziffern geben die Maschenzahl an, untereinander stehende sind Zentimeterangaben.
Beispiel: Für die Größe 6 Monate müssen Sie sich in Anleitung und Schnittmuster an die erste Ziffer in der Klammer halten und bei den senkrecht neben den Schnittmustern stehenden Ziffern an die mittlere.

Material

- ◊ Phildar Phil Coton 4 (100 % Baumwolle):
  3 (3/4) Knäuel in Pink, **1 (1/1)** Knäuel in Silbergrau
- ◊ Stricknadeln Nr. 4
- ◊ Häkelnadel Nr. 3

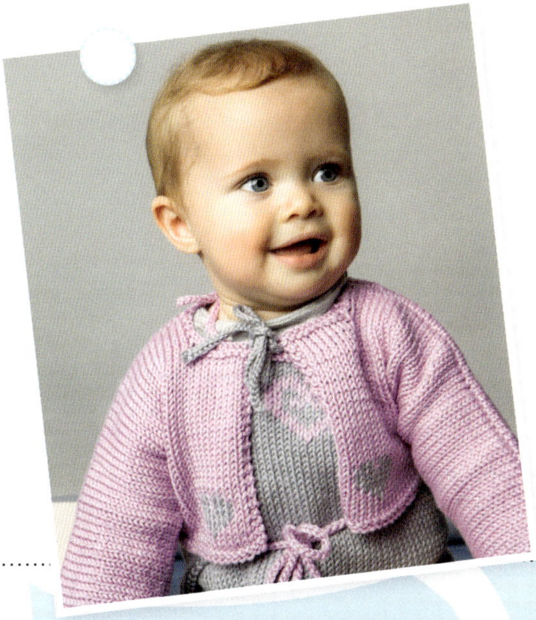

Strick-und Häkelmuster

◊ **Kraus rechts**

1. Reihe (Hinreihe): alle M rechts stricken.
2. Reihe (Rückreihe): alle M rechts stricken.
Diese 2 Reihen immer wiederholen.

◊ **Glatt rechts**

1. Reihe (Hinreihe): alle M rechts stricken.
2. Reihe (Rückreihe): alle M links stricken.
Diese 2 Reihen immer wiederholen.

◊ **Luftmasche**

◊ **Kettmasche:** Die Häkelnadel, auf der sich eine M oder ein Anfangsknoten befindet, in eine M stechen, den Faden holen und durchziehen, so dass sich wieder eine M auf der Häkelnadel befindet.

Außerdem: Stickerei im Maschenstich (siehe „Stickmuster“).

Maschenprobe

Stellen Sie durch das Anfertigen einer Maschenprobe sicher, dass die Größe Ihrer Arbeit mit der Anleitung übereinstimmt.
Glatt rechts mit Nadeln Nr. 4: 10 cm = 22 M und 28 R.

STICKMUSTER

7		+	+		+	+		
	+	+	+		+	+	+	
	+	+	+	+	+	+	+	
	+	+	+	+	+	+	+	
		+	+	+	+	+		
			+	+	+			
				+				1

▢ = 1 M in Pink
+ = 1 M in Silbergrau

Schnittmuster

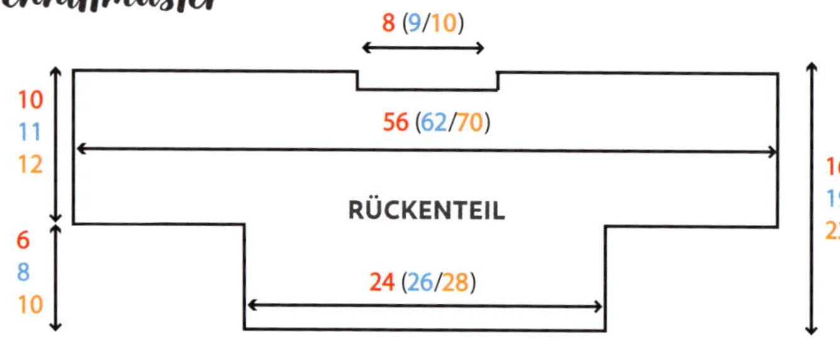

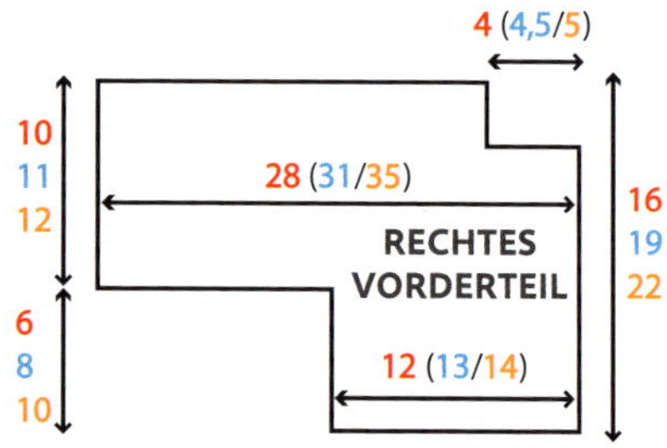

Anleitung

RÜCKENTEIL

1.) **54 (60/64)** M mit Nadeln Nr. 4 in Pink anschlagen.
2 R kraus rechts stricken.

2.) Glatt rechts weiterstricken.

3.) Bei **6 (8/10)** cm Gesamthöhe **54 (60/ 64)** M stricken und dann **36 (38/46)** M für den Ärmel zunehmen. Die Rückreihe mit 2 M kraus rechts beginnen.

4.) Bei **6 (8/10)** cm Gesamthöhe, 2 M kraus rechts stricken, dann **88 (96/108)** M glatt rechts. **36 (38/46)** M für den zweiten Ärmel zunehmen. Die Rückreihe mit 2 M kraus rechts beginnen, dann weiter glatt rechts.

5.) Insgesamt **126 (136/156)** M. 2 M kraus rechts, **122 (132/152)** M glatt rechts und 2 M kraus rechts stricken.

6.) Bei **14 (17/20)** cm Gesamthöhe 2 M kraus rechts, **50 (54/63)** M glatt rechts, **22 (24/26)** M kraus rechts, **50 (54/63)** M rechts und 2 M kraus rechts stricken.

7.) Bei **15 (18/21)** cm Gesamthöhe 2 M kraus rechts, **50 (54/63)** M glatt rechts und 2 M kraus rechts stricken, die folgenden **18 (20/22)** M für den Halsausschnitt abketten, 2 M kraus rechts, **50 (54/63)** M glatt rechts und 2 M kraus rechts stricken.

8.) Die M der linken Seite weiterstricken.

9.) Bei **16 (19/22)** cm Gesamthöhe die verbleibenden **54 (58/67)** M abketten.

10.) Mit den **54 (58/67)** M der rechten Seite fortfahren, 2 M kraus rechts stricken, **50 (54/63)** M glatt rechts und 2 M kraus rechts stricken.

11.) Bei **16 (19/22)** cm Gesamthöhe die verbleibenden **54 (58/67)** M abketten.

RECHTES VORDERTEIL

1.) **28 (30/34)** M mit Nadeln Nr. 4 in Pink anschlagen.
2 R kraus rechts stricken.

2.) 2 M kraus rechts und **26 (28/32)** M glatt rechts stricken.

3.) Bei **6 (8/10)** cm Gesamthöhe, 2 M kraus rechts und **26 (28/32)** M glatt rechts stricken und **36 (38/46)** M für den Ärmel zunehmen.

4.) Insgesamt **64 (68/80)** M 2 M kraus rechts stricken, **60 (64/76)** M glatt rechts und 2 M kraus rechts stricken.

5.) Bei **12 (15/17)** cm Gesamthöhe **12 (12/15)** M kraus rechts, **50 (54/63)** M glatt rechts und 2 M kraus rechts stricken.

6.) Bei **13 (16/18)** cm Gesamthöhe **10 (10/13)** M abketten, 2 M kraus rechts stricken, **50 (54/63)** M glatt rechts und 2 M kraus rechts stricken.

7.) Bei **16 (19/22)** cm Gesamthöhe die verbliebenen **54 (58/67)** M abketten.

LINKES VORDERTEIL

1.) **28 (30/34)** M mit Nadeln Nr. 4 in Pink anschlagen.
2 R kraus rechts stricken.

2.) **26 (28/32)** M glatt rechts und 2 M kraus rechts stricken.

3.) Ab **6 (8/10)** cm Gesamthöhe 2 M kraus rechts stricken, **26 (28/30)** glatt rechts stricken und **36 (38/46)** M für den Ärmel zunehmen.

4.) Es sind Insgesamt **64 (68/80)** M. 2 M kraus rechts stricken, **60 (64/76)** M glatt rechts und 2 M kraus rechts stricken.

5.) Bei **12 (15/17)** cm Gesamthöhe **12 (12/15)** M kraus rechts stricken und **50 (54/63)** M glatt rechts und 2 M kraus rechts stricken.

6.) Bei **13 (16/18)** cm Gesamthöhe die folgenden **10 (10/13)** M abketten, 2 M kraus rechts stricken, **50 (54/63)** M glatt rechts und 2 M kraus rechts stricken.

7.) Bei **16 (19/22)** cm Gesamthöhe die verbleibenden **54 (58/67)** M abketten.

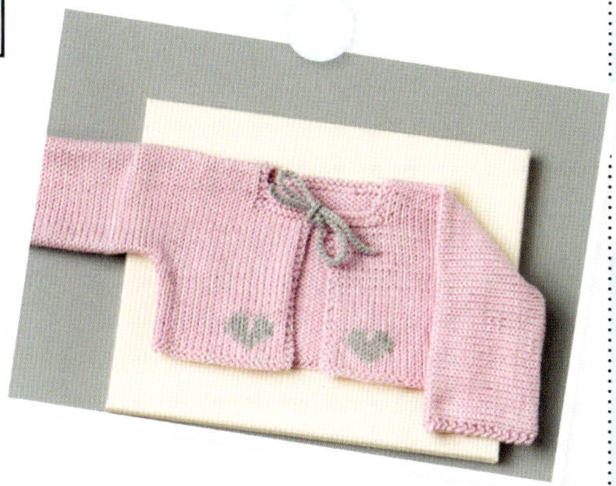

Zusammenfügen und fertigstellen

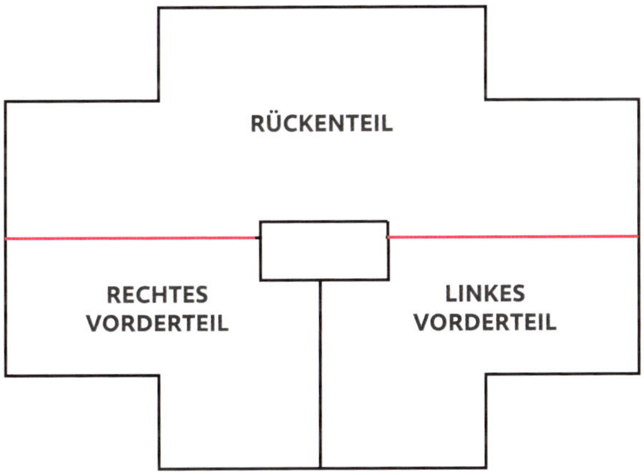

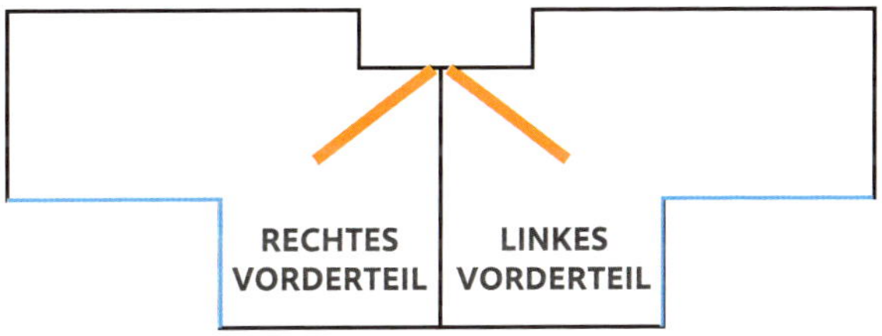

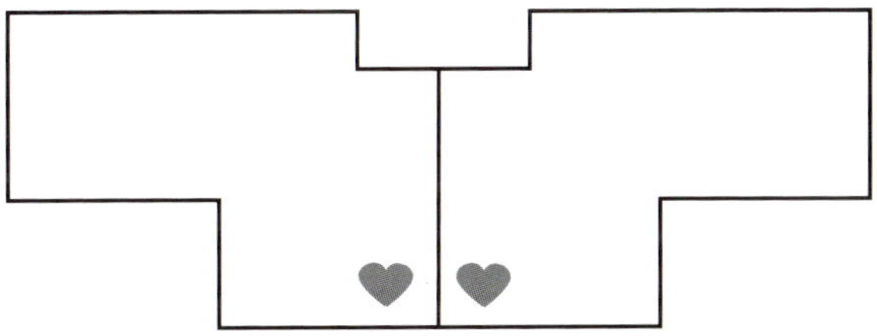

— Schulternähte schließen und die Ärmel einsetzen.

— Seiten- und Ärmelnähte schließen.

— Mit der Häkelnadel Nr. 3 in Grau 2 17 cm lange Luftmaschenketten mit je 1 Reihe Kettmaschen häkeln. Hierzu die Häkelnadel in jede M der Luftmaschenkette einstechen.

♥ In Silbergrau mit Maschenstichen die Herzchen aufsticken. und dabei dem Stickmuster auf S. 17 folgen. Die richtige Position ist 4 R von unten und 4 M vom seitlichen Rand.

5. Kleidchen

Größen

3 Monate (6 Monate / 12 Monate)

Die Anleitung ist in 3 Größen verfasst. Die am Anfang des Projekts angegebene Reihenfolge der Größen entspricht der Ziffernfolge in den Schnittmustern. Nebeneinander angeordnete Ziffern geben die Maschenzahl an, untereinander stehende sind Zentimeterangaben.
Beispiel: Für die Größe 6 Monate müssen Sie sich in Anleitung und Schnittmuster an die erste Ziffer in der Klammer halten und bei den senkrecht neben den Schnittmustern stehenden Ziffern an die mittlere.

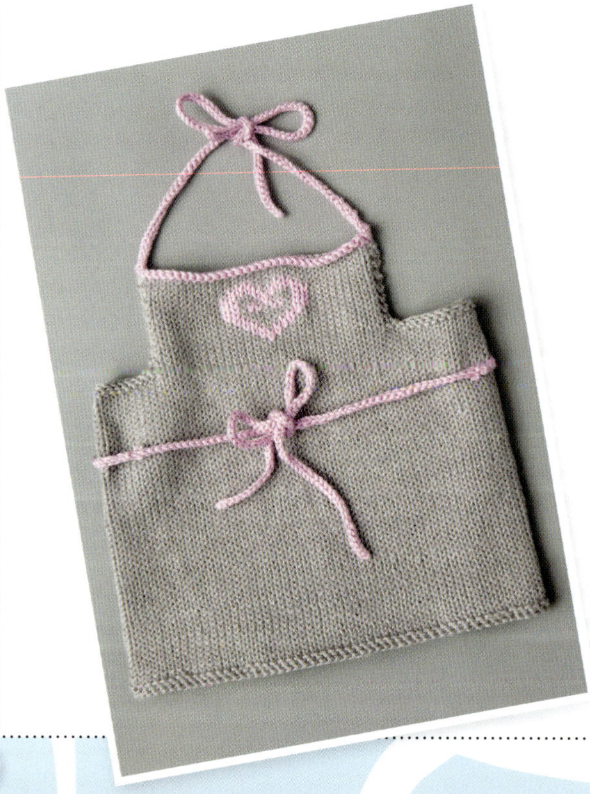

Material

◊ Phildar Phil Coton 4 (100 % Baumwolle):
3 (3/4) Knäuel in Silbergrau, **1 (1/1)** Knäuel in Pink
◊ Stricknadeln Nr. 4
◊ Häkelnadel Nr. 3

Strick- und Häkelmuster

◊ **Kraus rechts**
1. Reihe (Hinreihe): alle M rechts stricken.
2. Reihe (Rückreihe): alle M rechts stricken.
Diese 2 Reihen immer wiederholen.
◊ **Glatt rechts**
1. Reihe (Hinreihe): alle M rechts stricken.
2. Reihe (Rückreihe): alle M links stricken.
Diese 2 Reihen immer wiederholen.
◊ **Luftmasche**
◊ **Kettmasche:** Die Häkelnadel, auf der sich eine M oder ein Anfangsknoten befindet, in eine M stechen, den Faden holen und durchziehen, so dass sich wieder eine M auf der Häkelnadel befindet.

Außerdem: Stickerei im Maschenstich.

Maschenprobe

Stellen Sie durch das Anfertigen einer Maschenprobe sicher, dass die Größe Ihrer Arbeit mit der Anleitung übereinstimmt.
Glatt rechts mit Nadeln Nr. 4:
10 cm = 22 M und 28 R.

Schnittmuster

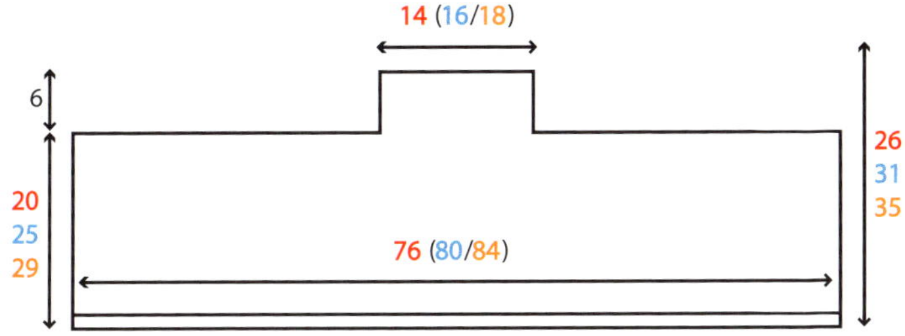

STICKMUSTER

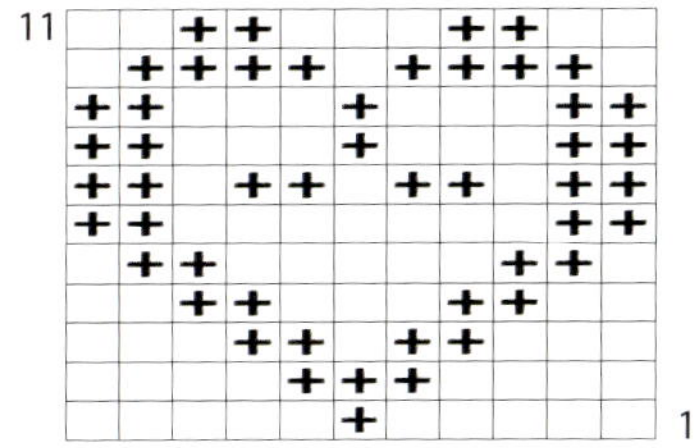

= 1 M in Silbergrau

+ = 1 M in Pink

Anleitung

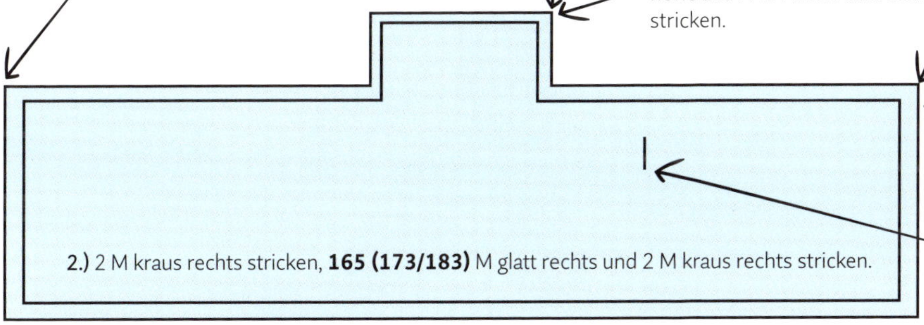

1.) **169 (177/187)** M mit Nadeln Nr. 4 in Silbergrau anschlagen. 2 R kraus rechts stricken.

2.) 2 M kraus rechts stricken, **165 (173/183)** M glatt rechts und 2 M kraus rechts stricken.

3.) Bei **17 (22/26)** cm Gesamthöhe 2 M kraus rechts stricken, **dann 51 (53/57)** M glatt rechts. Es folgen 1 Umschlag, 2 M rechts zusammenstricken (für die Öffnung zum Durchführen des Bändchens), dann **112 (118/124)** M kraus rechts.

4.) Bei **19 (24/28)** cm Gesamthöhe **70 (73/75)** M kraus rechts, **29 (31/37)** M glatt rechts und **70 (73/75)** M kraus rechts stricken.

5.) Bei **20 (25/29)** cm Gesamthöhe **68 (71/73)** M isländisch abketten, 2 M kraus rechts stricken, dann **29 (31/37)** M glatt rechts und **70 (73/75)** M kraus rechts stricken.

6.) Bei **20 (25/29)** cm Gesamthöhe **68 (71/73)** M isländisch abketten, 2 M kraus rechts stricken, **29 (31/37)** M glatt rechts und 2 M kraus rechts stricken.

7.)Ab **25 (30/34)** cm Gesamthöhe alle M in Pink kraus rechts stricken.

8.) Bei **26 (31/35)** cm Gesamthöhe die M abketten.

Abschlüsse

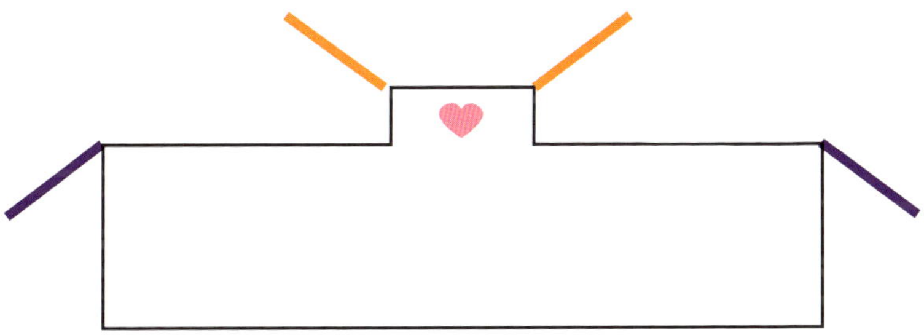

Mit der Farbe Pink das Herz im Maschenstich vorne mittig aufsticken.

Mit der Häkelnadel Nr. 3 in Pink zwei 26 cm lange Luftmaschenketten mit je 1 R Kettmaschen häkeln. Hierzu die Häkelnadel in jede M der Luftmaschenkette einstechen. Die Bändchen an beiden Seiten vom Latz befestigen.

Mit der Häkelnadel Nr. 3 in Pink zwei 35 cm lange Luftmaschenketten mit je 1 R Kettmaschen häkeln. Hierzu die Häkelnadel in jede M der Luftmaschenkette einstechen. Die Bändchen an beiden Seiten des Kleidchens befestigen.

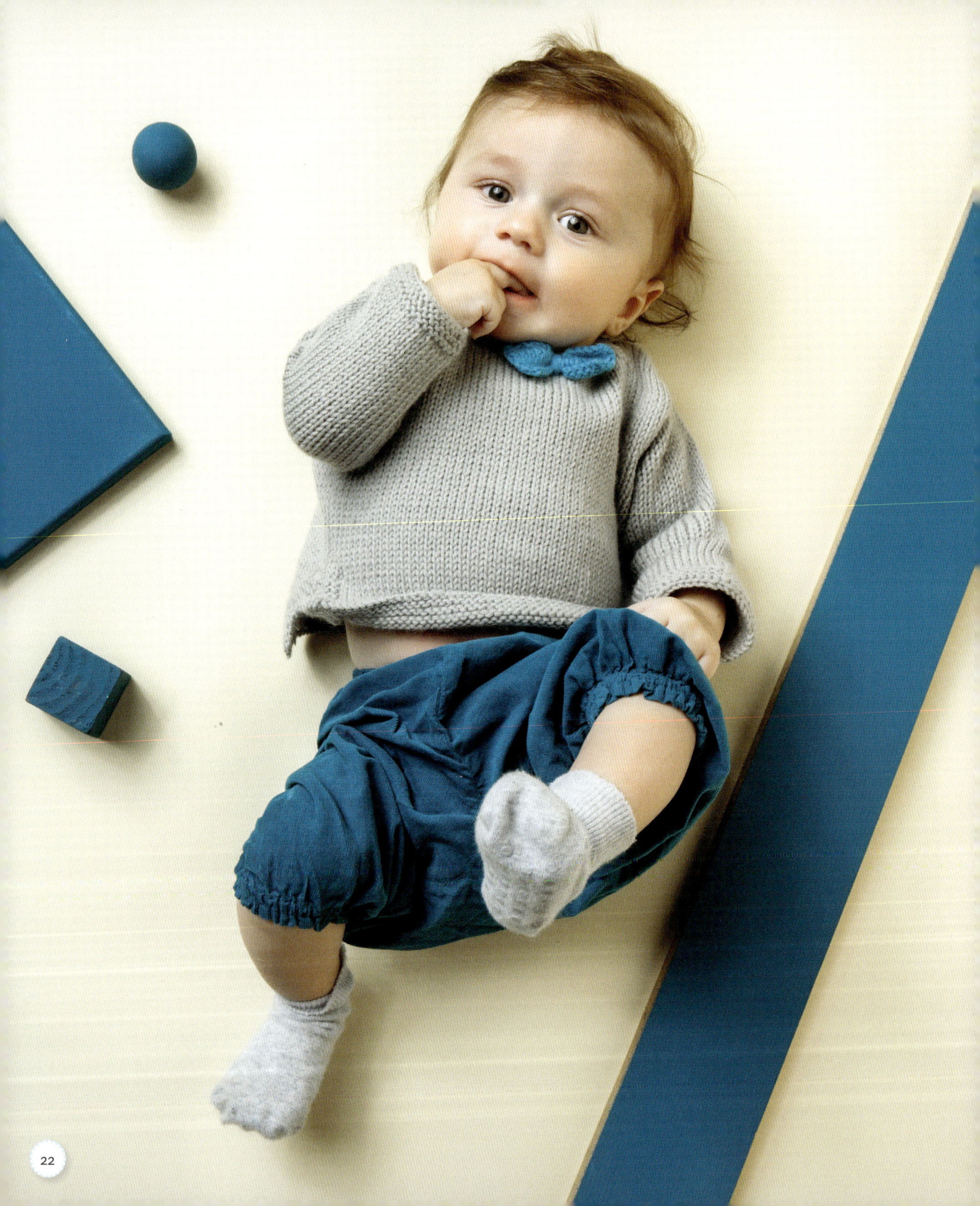

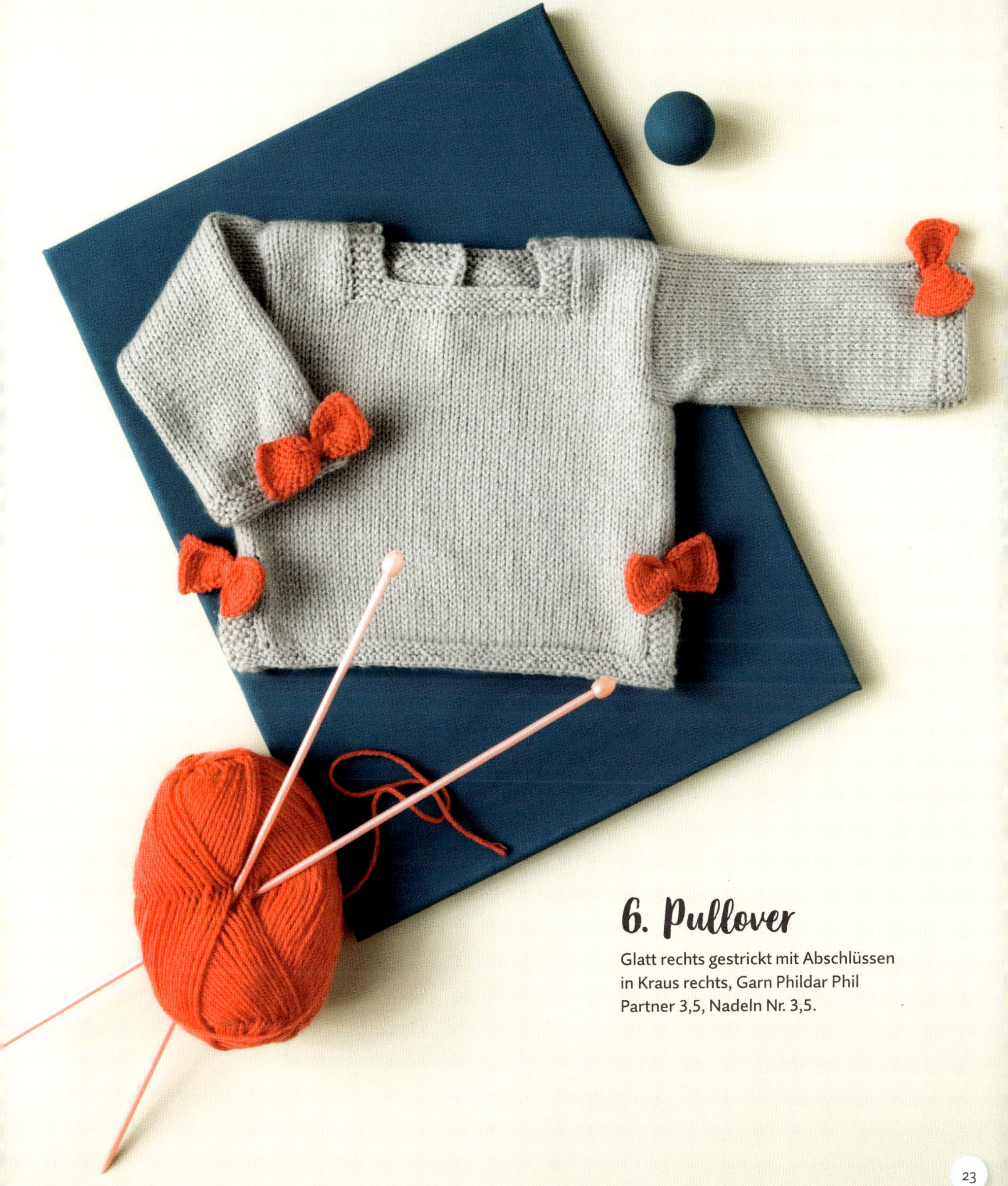

6. Pullover

Glatt rechts gestrickt mit Abschlüssen in Kraus rechts, Garn Phildar Phil Partner 3,5, Nadeln Nr. 3,5.

6. Pullover

Größen

3 Monate (6 Monate / 12 Monate)

Die Anleitung ist in 3 Größen verfasst. Die am Anfang des Projekts angegebene Reihenfolge der Größen entspricht der Ziffernfolge in den Schnittmustern. Nebeneinander angeordnete Ziffern geben die Maschenzahl an, untereinander stehende sind Zentimeterangaben.
Beispiel: Für die Größe 6 Monate müssen Sie sich in Anleitung und Schnittmuster an die erste Ziffer in der Klammer halten und bei den senkrecht neben den Schnittmustern stehenden Ziffern an die mittlere.

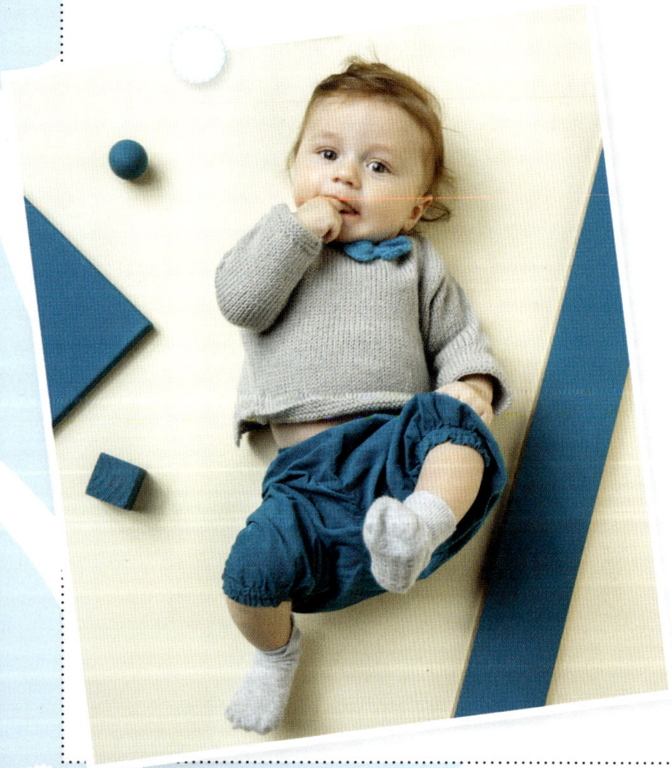

Material

- Phildar Phil Partner 3,5 (50 % Polyamid, 25 % Wolle und 25 % Polyacryl): **2 (3/3)** Knäuel in Beige, **1 (1/1)** Knäuel in Rot oder in Blau

Für eine klassischere Version:

- Phildar Phil Partner 3,5 (50 % Polyamid, 25 % Wolle und 25 % Polyacryl): **2 (3/3)** Knäuel in Rosa oder Hellblau, **1 (1/1)** Knäuel in Grau
- Stricknadeln Nr. 3,5
- 1 Knopf

Strickmuster

- **Kraus rechts**
  1. Reihe (Hinreihe): alle M rechts stricken.
  2. Reihe (Rückreihe): alle M rechts stricken.
  Diese 2 Reihen immer wiederholen.
- **Glatt rechts**
  1. Reihe (Hinreihe): alle M rechts stricken.
  2. Reihe (Rückreihe): alle M links stricken.
  Diese 2 Reihen immer wiederholen.

Maschenprobe

Stellen Sie durch das Anfertigen einer Maschenprobe sicher, dass die Größe Ihrer Arbeit mit der Anleitung übereinstimmt.
Glatt rechts mit Nadeln Nr. 3,5:
10 cm = 23 M und 30 R.

Schnittmuster

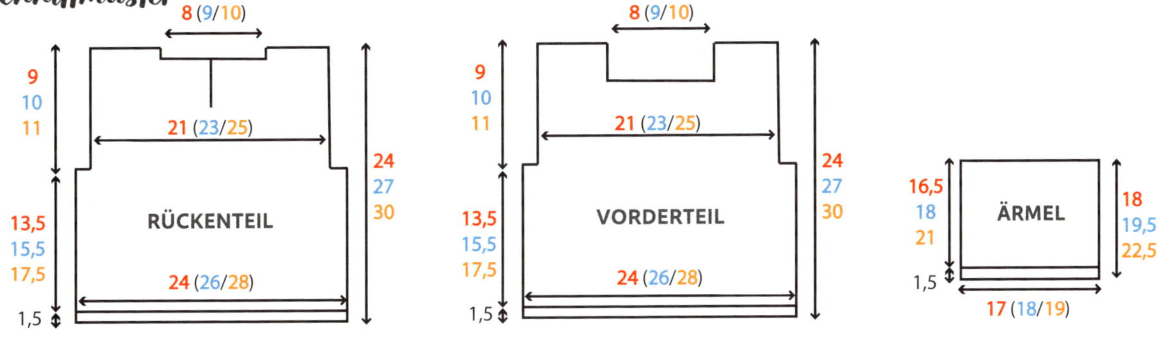

Anleitung

RÜCKENTEIL

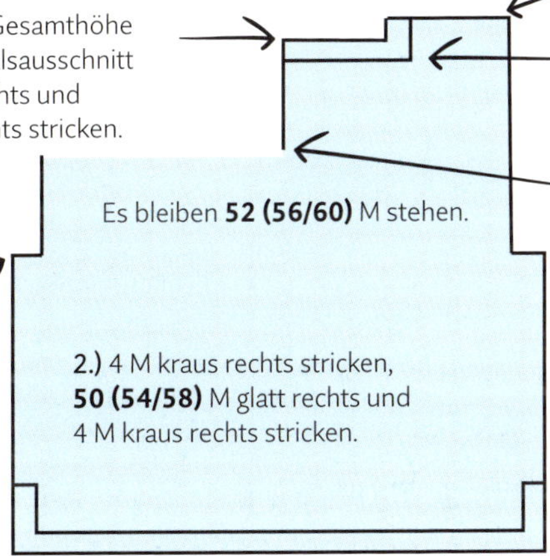

1.) **58 (62/66)** M mit Nadeln Nr. 3,5 in Beige anschlagen. 6 R kraus rechts stricken.

2.) 4 M kraus rechts stricken, **50 (54/58)** M glatt rechts und 4 M kraus rechts stricken.

3.) Ab 5 cm Gesamthöhe alle M rechts stricken.

4.) Bei **15 (17/19)** cm Gesamthöhe 3 M für das Ärmelloch abketten.

5.) Bei **15 (17/19)** cm Gesamthöhe 3 M für das Ärmelloch abketten.

6.) Bei **17 (20/23)** cm Gesamthöhe **26 (28/30)** M stricken und die verbleibenden **26 (28/30)** M stilllegen.

7.) Bei **21,5 (24,5/27,5)** cm Gesamthöhe **13 (14/15)** M glatt rechts und **13 (14/15)** M kraus rechts stricken.

8.) Bei **23 (26/29)** cm Gesamthöhe **9 (10/11)** M für den Halsausschnitt abketten, 4 M kraus rechts und **13 (14/15)** M glatt rechts stricken.

9.) Bei **24 (27/30)** cm Gesamthöhe die verbleibenden **17 (18/19)** M für die Schulter abketten.

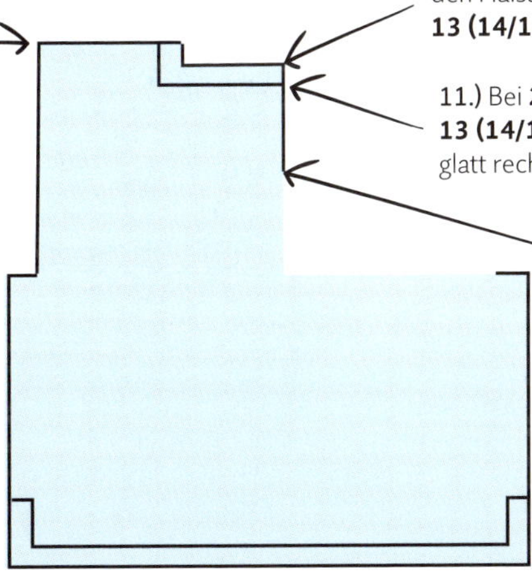

10.) Die **26 (28/30)** M der linken Seite glatt rechts weiterstricken.

11.) Bei **21,5 (24,5/27,5)** cm Gesamthöhe **13 (14/15)** M kraus rechts und **13 (14/15)** M glatt rechts stricken.

12.) Bei **23 (26/29)** cm Gesamthöhe **9 (10/11)** M für den Halsausschnitt abketten, 4 M kraus rechts und **13 (14/15)** M glatt rechts stricken.

13.) Bei **24 (27/30)** cm Gesamthöhe die verbleibenden **17 (18/19)** M für die Schulter abketten.

Anleitung Pullover

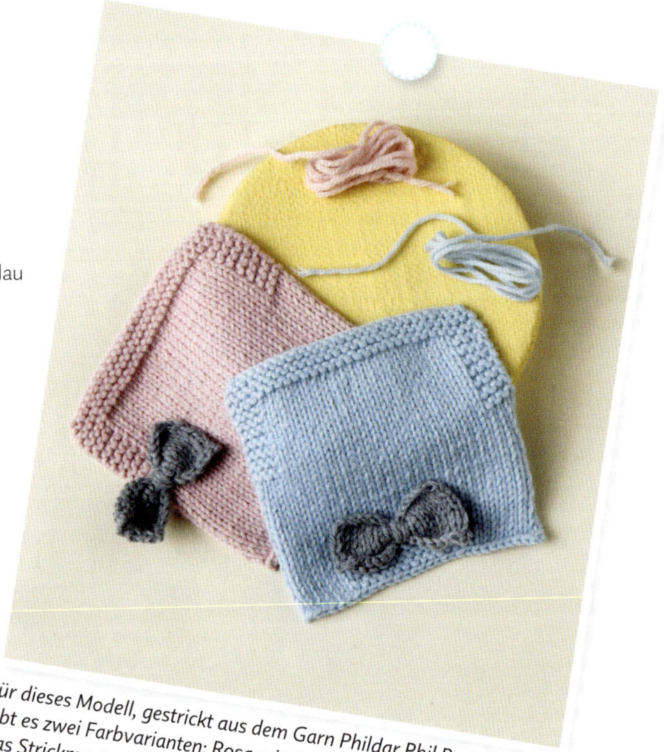

Für dieses Modell, gestrickt aus dem Garn Phildar Phil Partner 3,5, gibt es zwei Farbvarianten: Rosa mit Grau und Hellblau mit Grau. Das Strickmuster ist Glatt rechts mit Bündchen in Kraus rechts.

SCHLEIFEN
FÜR MÄDCHEN 4-MAL STRICKEN
FÜR JUNGEN 1-MAL STRICKEN

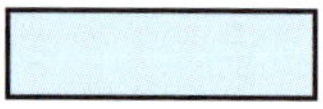

14 M mit Nadeln Nr. 3,5 in Rot für Mädchen oder in Blau für Jungen anschlagen. 8 R glatt rechts stricken, dann abketten.

ÄRMEL
2-MAL STRICKEN

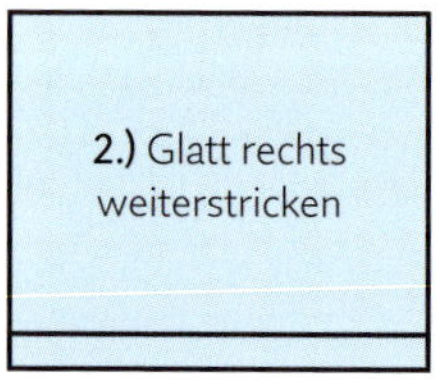

3.) Bei **18 (19,5/22,5)** cm Gesamthöhe die M abketten.

1.) **41 (43/45)** M mit Nadeln Nr. 3,5 in Beige anschlagen. 6 R kraus rechts stricken.

VORDERTEIL

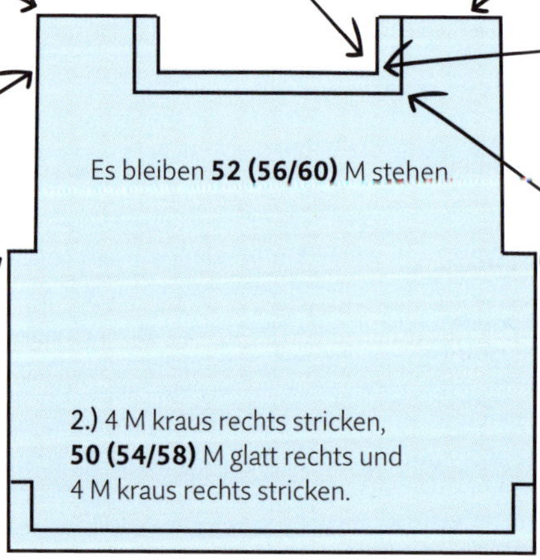

1.) **58 (62/66)** M mit Nadeln Nr. 3,5 in Beige anschlagen. 6 R kraus rechts stricken.

3.) Ab 5 cm Gesamthöhe alle M glatt rechts stricken.

4.) Bei **15 (17/19)** cm Gesamthöhe 3 M für das Ärmelloch abketten.

5.) Bei **15 (17/19)** cm Gesamthöhe 3 M für das Ärmelloch abketten.

6.) Bei **19,5 (22,5/24,5)** cm Gesamthöhe **13 (14/15)** M glatt rechts, **26 (28/30)** M kraus rechts und **13 (14/15)** M glatt rechts stricken.

7.) Bei **21 (24/26)** cm Gesamthöhe **13 (14/15)** M glatt rechts, 4 M kraus rechts stricken. **18 (20/22)** M für den Halsausschnitt abketten, 4 M kraus und **13 (14/15)** M glatt rechts stricken.

8.) Die M der der linken Seite weiterstricken.

9.) Bei **24 (27/30)** cm Gesamthöhe die verbleibenden **17 (18/19)** M für die Schulter abketten.

10.) 4 M kraus rechts und **13 (14/15)** M glatt rechts stricken.

11.) Bei **24 (27/30)** cm Gesamthöhe die verbleibenden **17 (18/19)** M für die Schulter abketten.

Zusammenfügen und fertigstellen

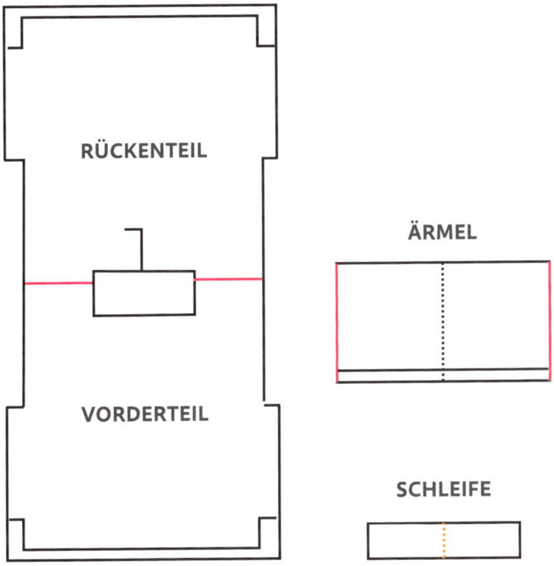

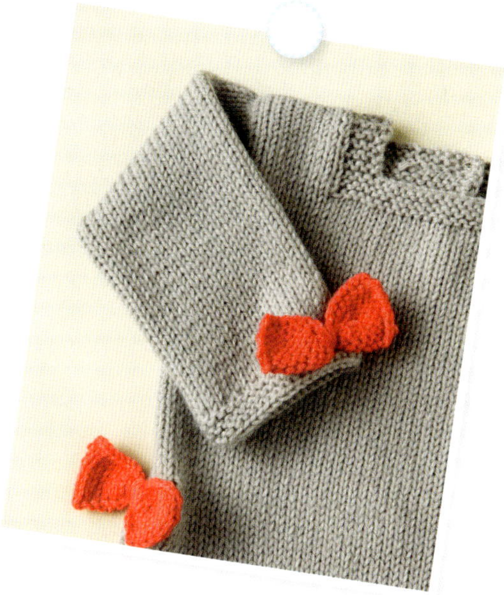

— Die Schulternähte schließen.

…… Die Ärmel in der Mitte falten.

— Die Ärmelnähte schließen.

…… Den Faden um die Schleife wickeln und festziehen.

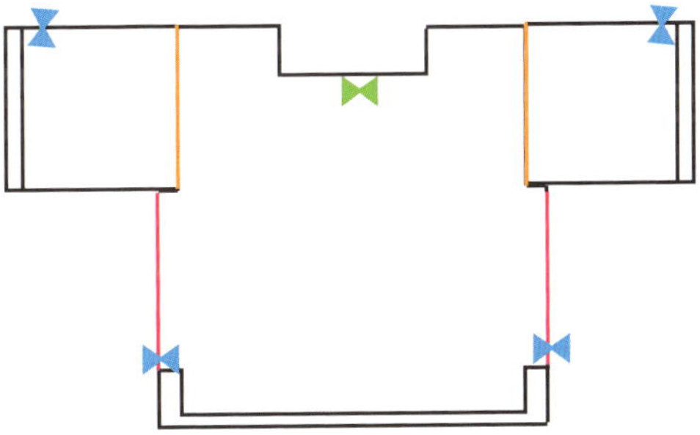

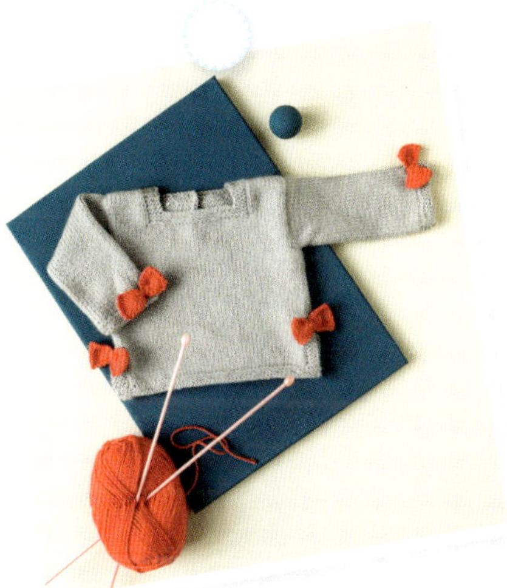

— Die Ärmel in die Ärmellöcher einsetzen.

— Seitennähte bis zur Kraus rechts schließen.

⧓ Beim Mädchenmodell die Schleifen an die Ärmel und Seiten annähen.

⧓ Beim Jungenmodell die Schleife an den Ausschnitt annähen.

— Eine Schlaufe für den Knopf oben am Ausschnitt hinten bilden und den Knopf annähen. Alternativ können Sie einen Druckknopf anbringen.

7. Tunika

Glatt rechts gestrickt mit Stickerei,
Garn Phildar Phil Cabotine,
Nadeln Nr. 4.

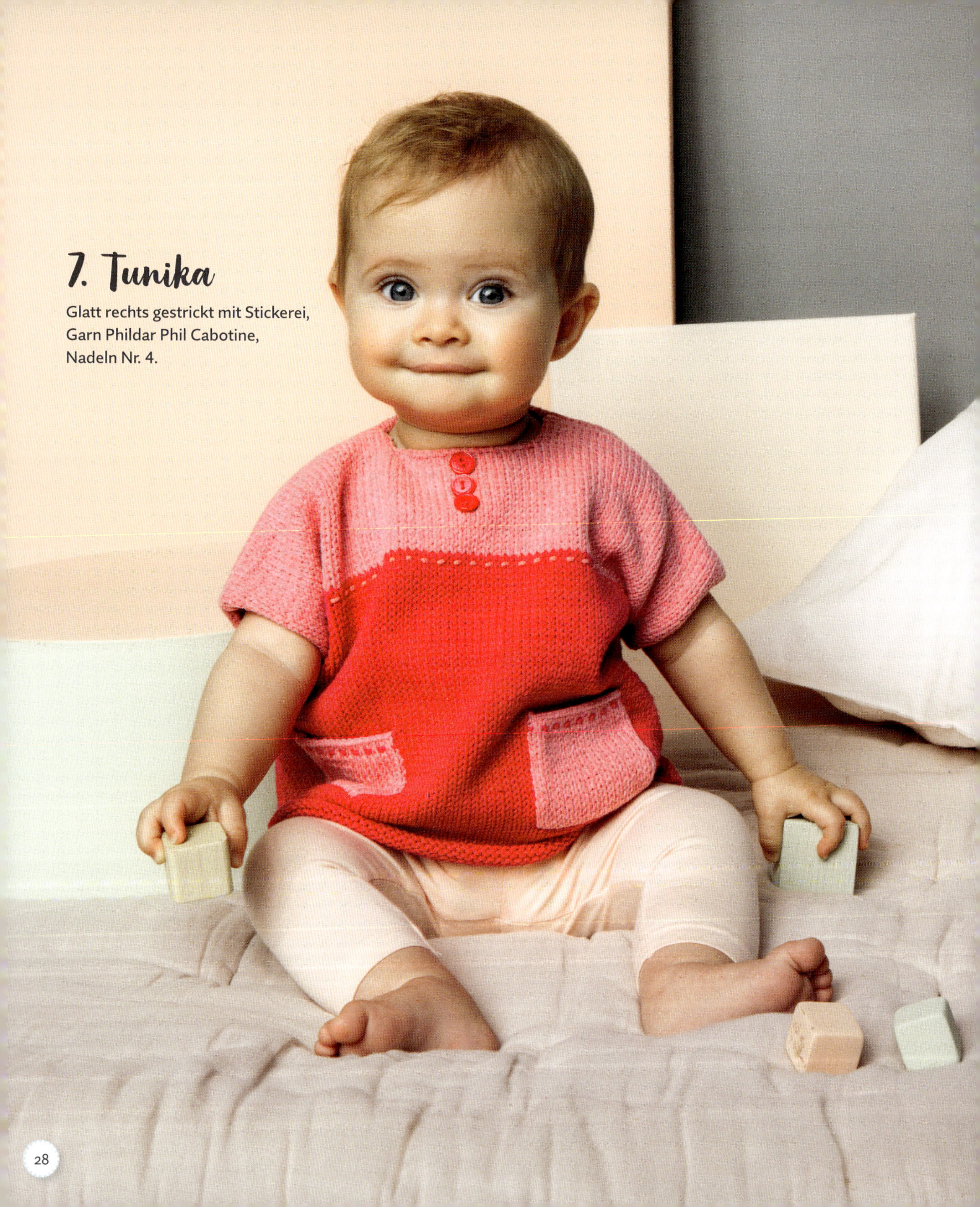

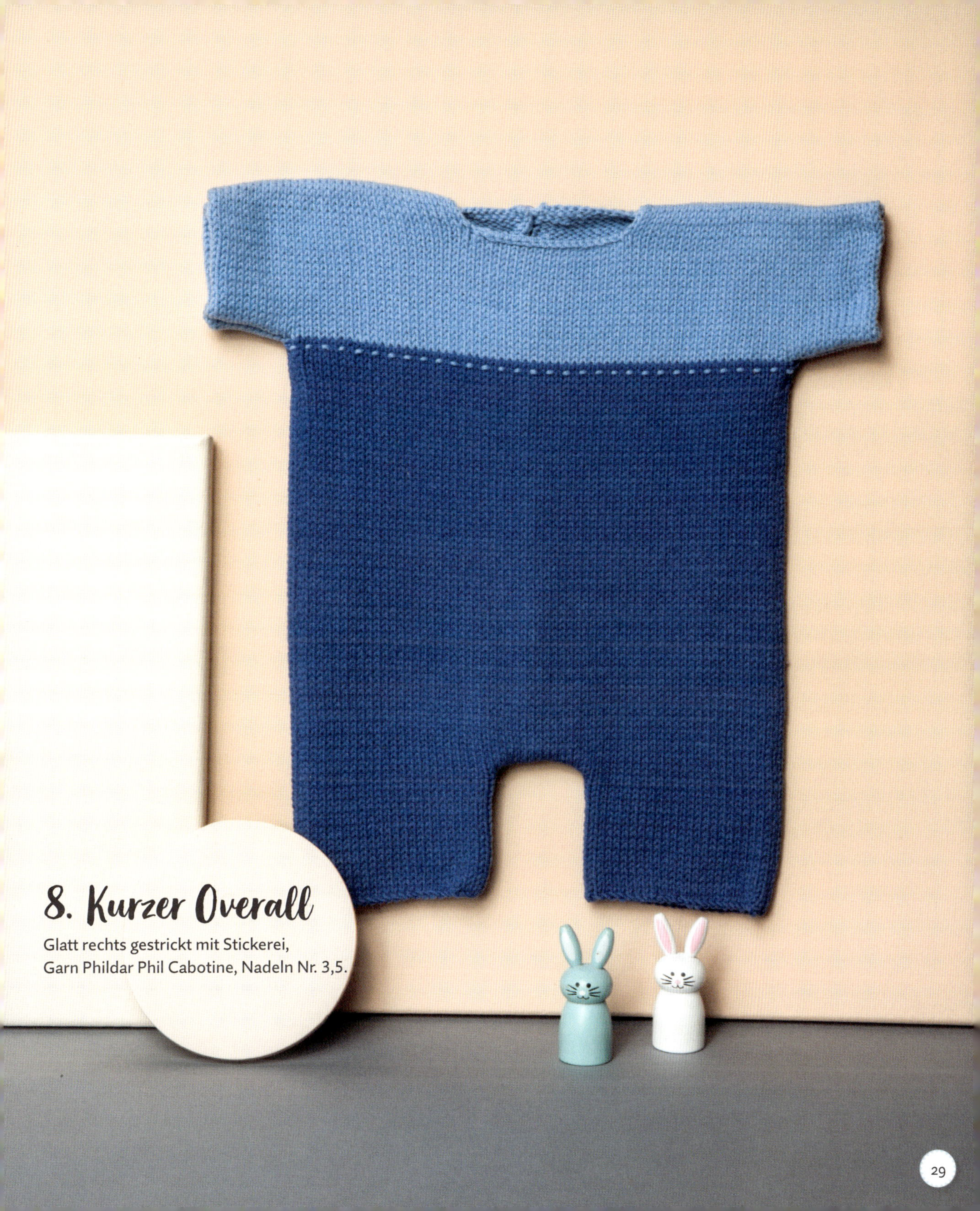

8. Kurzer Overall

Glatt rechts gestrickt mit Stickerei, Garn Phildar Phil Cabotine, Nadeln Nr. 3,5.

7. Tunika

Größen

3 Monate (6 Monate / 12 Monate)

Die Anleitung ist in 3 Größen verfasst. Die am Anfang des Projekts angegebene Reihenfolge der Größen entspricht der Ziffernfolge in den Schnittmustern. Nebeneinander angeordnete Ziffern geben die Maschenzahl an, untereinander stehende sind Zentimeterangaben.
Beispiel: Für die Größe 6 Monate müssen Sie sich in Anleitung und Schnittmuster an die erste Ziffer in der Klammer halten und bei den senkrecht neben den Schnittmustern stehenden Ziffern an die mittlere.

Material

- ◊ Phildar Phil Cabotine (55 % Baumwolle und 45 % Polyacryl): **2 (2/2)** Knäuel in Himbeerrot, **1 (1/1)** Knäuel in Pink
- ◊ Stricknadeln Nr. 4
- ◊ 7 Knöpfe

Strickmuster

◊ **Kraus rechts**

1. Reihe (Hinreihe): alle M rechts stricken.
2. Reihe (Rückreihe): alle M rechts stricken.
Diese 2 Reihen immer wiederholen.

◊ **Glatt rechts**

1. Reihe (Hinreihe): alle M rechts stricken.
2. Reihe (Rückreihe): alle M links stricken.
Diese 2 Reihen immer wiederholen.

Außerdem: Stickerei im Rückstich.

Maschenprobe

Stellen Sie durch das Anfertigen einer Maschenprobe sicher, dass die Größe Ihrer Arbeit mit der Anleitung übereinstimmt.
Glatt rechts mit Nadeln Nr. 4: 10 cm = 22 M und 28 R.

Schnittmuster

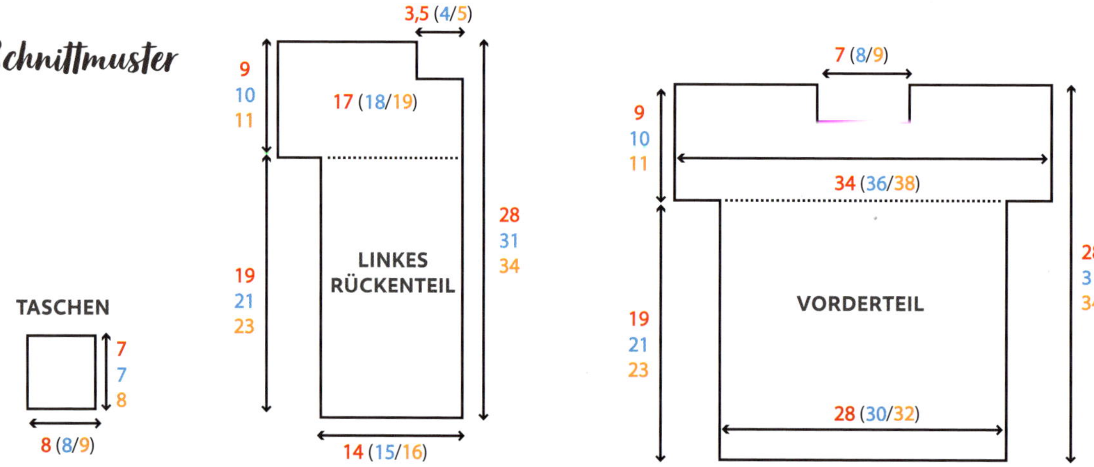

Anleitung

VORDERTEIL

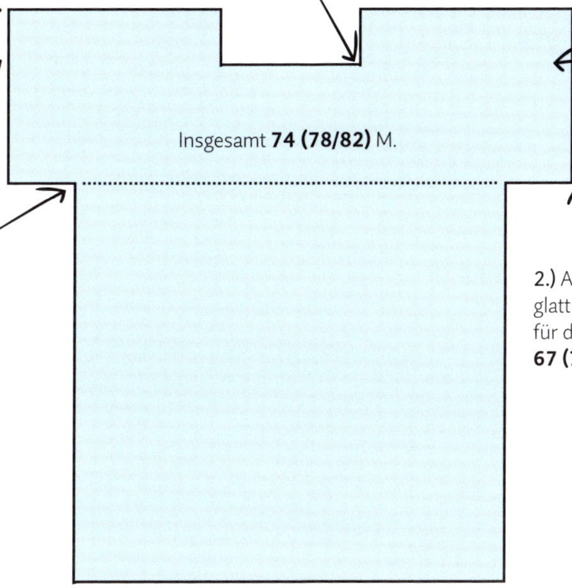

1.) **60 (64/68)** M mit Nadeln Nr. 4 in Himbeerrot anschlagen. Glatt rechts stricken.

2.) Ab **19 (21/23)** cm Gesamthöhe glatt rechts in Pink stricken und 7 M für den Ärmel zunehmen. Insgesamt **67 (71/75)** M

3.) Bei **19 (21/23)** cm Gesamthöhe 7 M für den Ärmel zunehmen.

4.) Bei **25 (28/30)** cm Gesamthöhe **30 (31/32)** M stricken, **14 (16/18)** M für den Halsausschnitt abketten und die verbleibenden **30 (31/32)** M stricken.

5.) Die M der linken Seite weiterstricken.

6.) Bei **28 (31/34)** cm Gesamthöhe die verbleibenden **30 (31/32)** M für die Schulter abketten.

7.) Die **30 (31/32)** M der rechten Seite weiterstricken.

8.) Bei **28 (31/34)** cm Gesamthöhe die verbleibenden **30 (31/32)** M für die Schulter abketten.

TASCHE
2-MAL STRICKEN

2.) Bei **7 (7/8)** cm Gesamthöhe die M abketten.

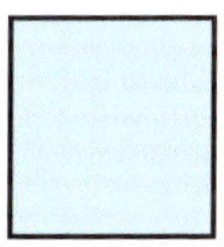

1.) **18 (18/20)** M mit Nadeln Nr. 4 in Pink anschlagen. Glatt rechts stricken.

RECHTES RÜCKENTEIL

3.) Bei **27 (30/33)** cm Gesamthöhe **7 (8/9)** M für den Halsausschnitt abketten.

4.) Bei **28 (31/34)** cm Gesamthöhe die verbleibenden **30 (31/32)** M für die Schulter abketten.

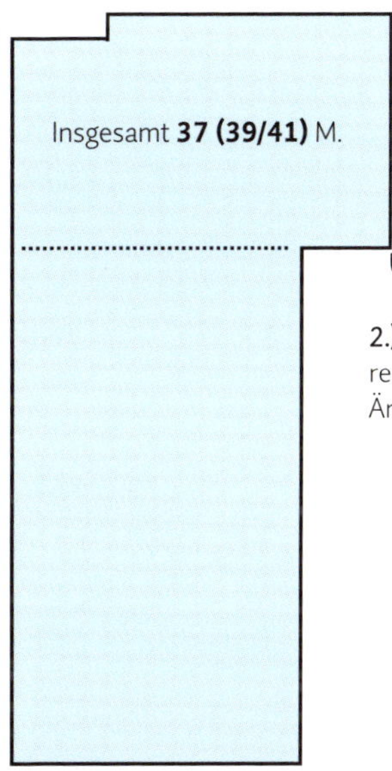

2.) Ab **19 (21/23)** cm Gesamthöhe glatt rechts in Pink stricken und 7 M für den Ärmel zunehmen.

1.) **30 (32/34)** M mit Nadeln Nr. 4 in Himbeerrot anschlagen. Glatt rechts stricken.

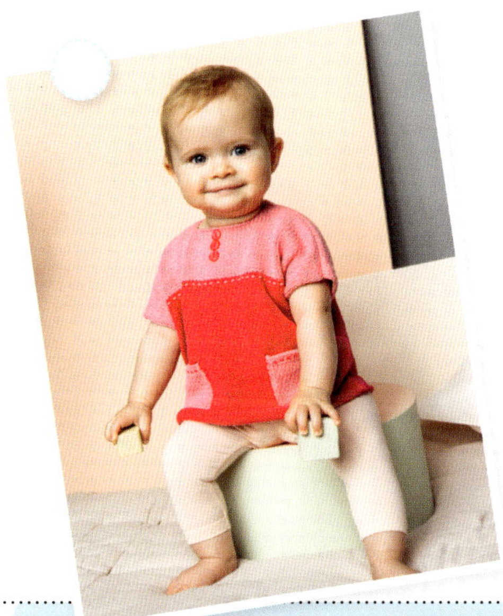

Anleitung Tunika

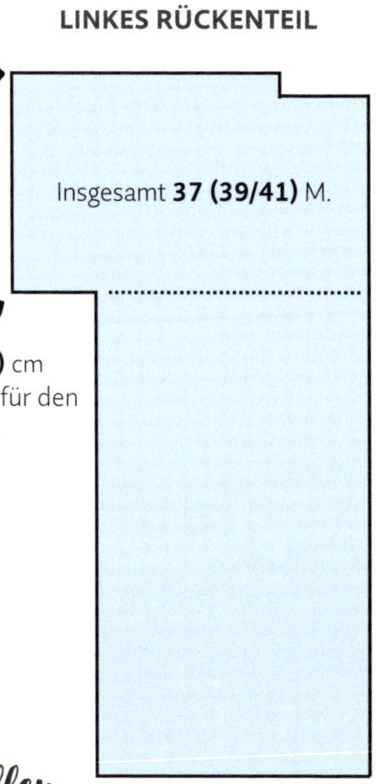

1.) **30 (32/34)** M mit Nadeln Nr. 4 in Himbeerrot anschlagen, dann glatt rechts stricken.

2.) Ab **19 (21/23)** cm Gesamthöhe glatt rechts in Pink weiterstricken.

3.) Bei **19 (21/23)** cm Gesamthöhe 7 M für den Ärmel zunehmen.

4.) Bei **27 (30/33)** cm Gesamthöhe **7 (8/9)** M für den Halsausschnitt abketten.

5.) Bei **28 (31/34)** cm Gesamthöhe die verbleibenden **30 (31/32)** M für die Schulter abketten.

Zusammenfügen und fertigstellen

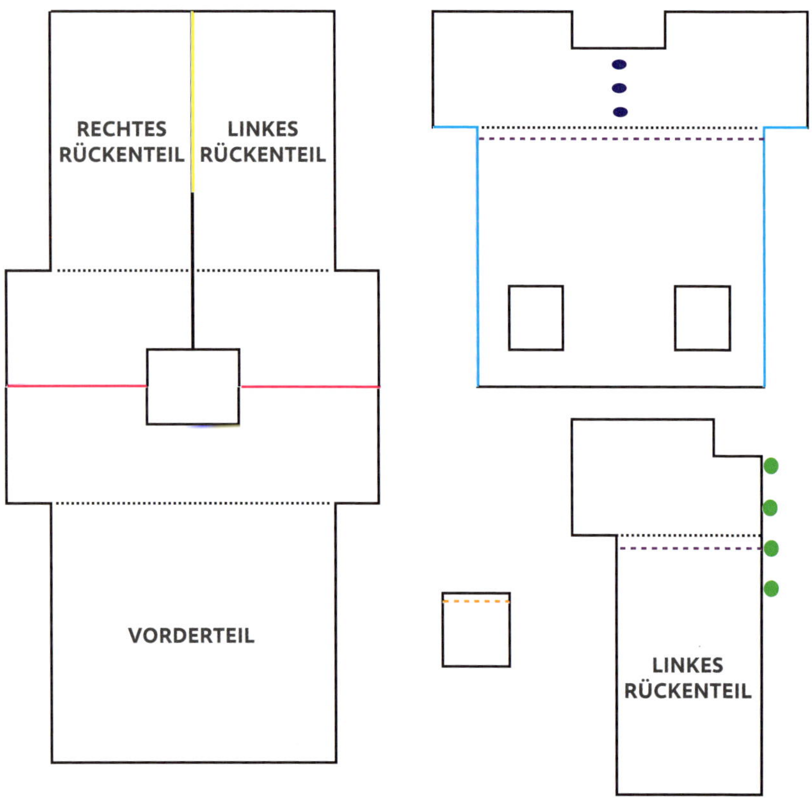

- Das Rückenteil mit einer **14 (17/20)** cm langen Naht schließen.
- Die Schulternähte schließen.
- Mit Himbeerrot eine Linie in Rückstich auf die vorletzte R der Taschen setzen – pro M ein Stich und jeweils 1 M überspringen.
- Seiten- und Ärmelnähte schließen.
- Mit Pink eine Linie in Rückstich eine R unterhalb des pinkfarbenen Bereichs setzen – pro M ein Stich und jeweils 1 M überspringen.
- Die Taschen aufnähen.
- Am Vorderteil unterhalb des Ausschnitts drei Zierknöpfe annähen.
- Am linken Rückenteil 4 Knopfschlaufen in regelmäßigen Abständen anbringen. Die Knöpfe gegenüber am rechten Rückenteil annähen.

8. Kurzer Overall

Größen

3 Monate (6 Monate / 12 Monate)

Die Anleitung ist in 3 Größen verfasst. Die am Anfang des Projekts angegebene Reihenfolge der Größen entspricht der Ziffernfolge in den Schnittmustern. Nebeneinander angeordnete Ziffern geben die Maschenzahl an, untereinander stehende sind Zentimeterangaben. Beispiel: Für die Größe 6 Monate müssen Sie sich in Anleitung und Schnittmuster an die erste Ziffer in der Klammer halten und bei den senkrecht neben den Schnittmustern stehenden Ziffern an die mittlere.

Material

- ◊ Phildar Phil Cabotine (55 % Baumwolle und 45 % Polyacryl): **2 (2/2)** Knäuel in Meeresblau, **1 (2/2)** Knäuel in Himmelblau
- ◊ Stricknadeln Nr. 3,5
- ◊ 6 Knöpfe

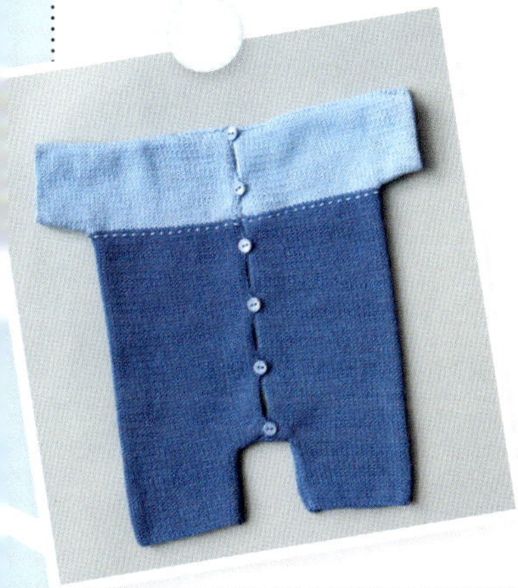

Strickmuster

◊ **Glatt rechts**

1. Reihe (Hinreihe): alle M rechts stricken.

2. Reihe (Rückreihe): alle M links stricken.

Diese 2 Reihen immer wiederholen.

Außerdem: Stickerei in Rückstich.

Maschenprobe

Stellen Sie durch das Anfertigen einer Maschenprobe sicher, dass die Größe Ihrer Arbeit mit der Anleitung übereinstimmt.

Glatt rechts mit Nadeln Nr. 3,5: 10 cm = 21 M und 30 R.

Schnittmuster

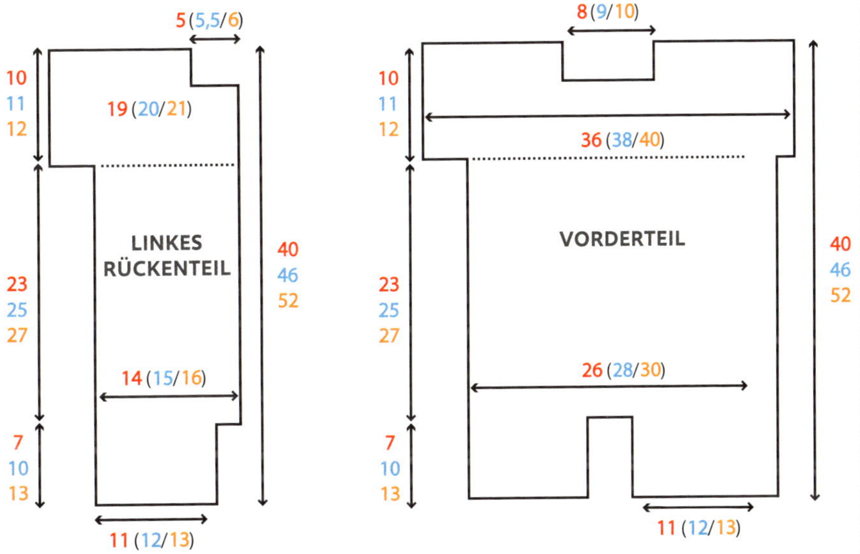

Anleitung kurzer Overall

LINKES RÜCKENTEIL

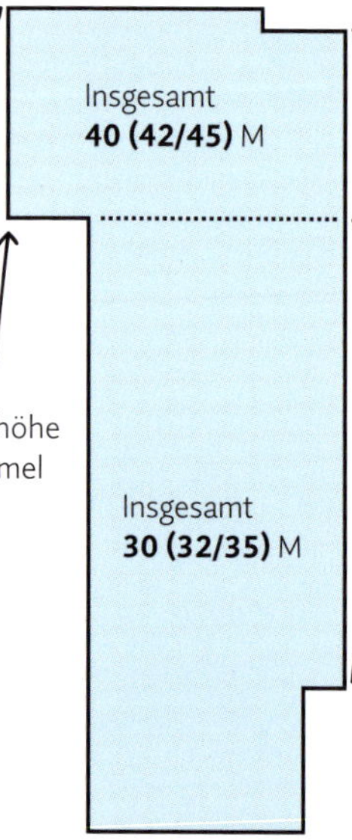

1.) **23 (25/28)** M mit Nadeln Nr. 3,5 in Meeresblau anschlagen. Glatt rechts stricken.

2.) Bei **7 (10/13)** cm Gesamthöhe 7 M zunehmen.

3.) Ab **30 (35/40)** cm Gesamthöhe glatt rechts in Himmelblau stricken.

4.) Bei **30 (35/ 40)** cm Gesamthöhe 10 M für den Ärmel zunehmen.

5.) Bei **39 (45/51)** cm Gesamthöhe **10 (11/12)** M für den Halsausschnitt abketten.

6.) Bei **40 (46/52)** cm Gesamthöhe die verbleibenden **30 (31/33)** M für die Schulter abketten.

RECHTES RÜCKENTEIL

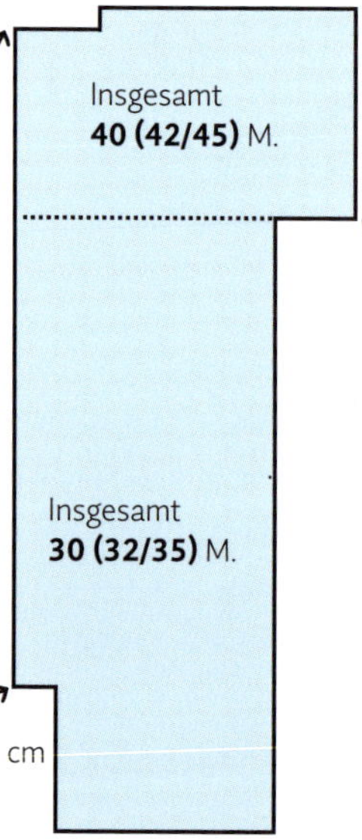

1.) **23 (25/28)** M mit Nadeln Nr. 3,5 in Meeresblau anschlagen. Glatt rechts stricken.

2.) Bei **7 (10/13)** cm Gesamthöhe 7 M zunehmen.

3.) Ab **30 (35/40)** cm Gesamthöhe glatt rechts in Himmelblau stricken und 10 M für den Ärmel zunehmen.

4.) Bei **39 (45/51)** cm Gesamthöhe **10 (11/12)** M für den Halsausschnitt abketten

5.) Bei **40 (46/52)** cm Gesamthöhe die **30 (31/33)** für die Schulter abketten.

VORDERTEIL

Mit dem 1. Bein beginnen.

1.) **23 (25/28)** M mit Nadeln Nr. 3,5 in Meeresblau anschlagen. Glatt rechts stricken.

2.) Bei **7 (10/13)** cm Gesamthöhe die M stilllegen.

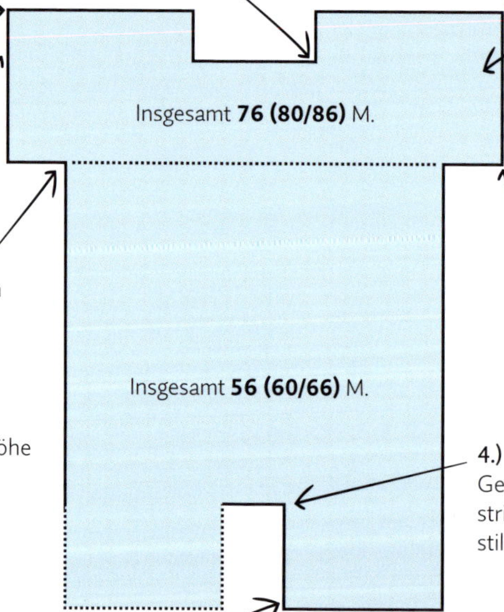

Das zweite Bein stricken.

3.) **23 (25/28)** M mit Nadeln Nr. 3,5 in Meeresblau anschlagen. Glatt rechts stricken.

4.) Bei **7 (10/13)** cm Gesamthöhe **23 (25/28)** M stricken, 10 M zunehmen und die stillgelegten **23 (25/28)** M

5.) Ab **30 (35/40)** cm Gesamthöhe glatt rechts in Pink stricken und 10 M für den Ärmel zunehmen. Insgesamt **66 (70/76)** M

6.) Bei **30 (35/40)** cm Gesamthöhe 10 M für den Ärmel zunehmen.

7.) Bei **37 (43/48)** cm Gesamthöhe **30 (31/33)** M, **16 (18/20)** M für den Halsausschnitt abketten und die verbleibenden **30 (31/33)** M stricken.

8.) Die M der linken Seite weiterstricken.

9.) Bei **40 (46/52)** cm Gesamthöhe die verbleibenden **30 (31/33)** M für die Schulter abketten.

10.) Die **30 (31/33)** M der rechten Seite weiterstricken.

11.) Bei **40 (46/52)** cm Gesamthöhe die verbleibenden **30 (31/33)** M für die Schulter abketten.

Zusammenfügen und fertigstellen

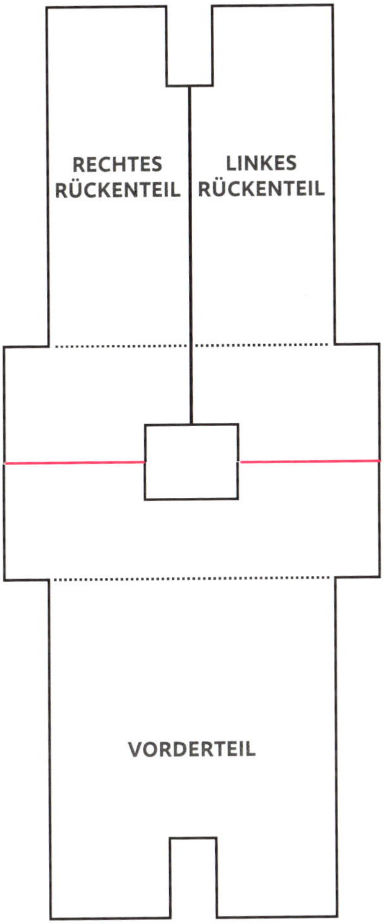

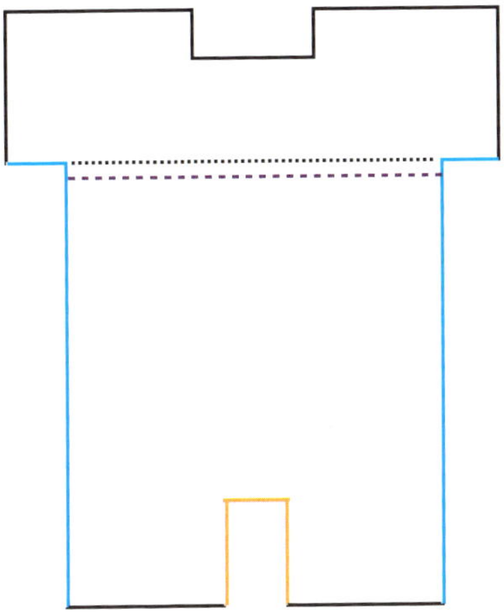

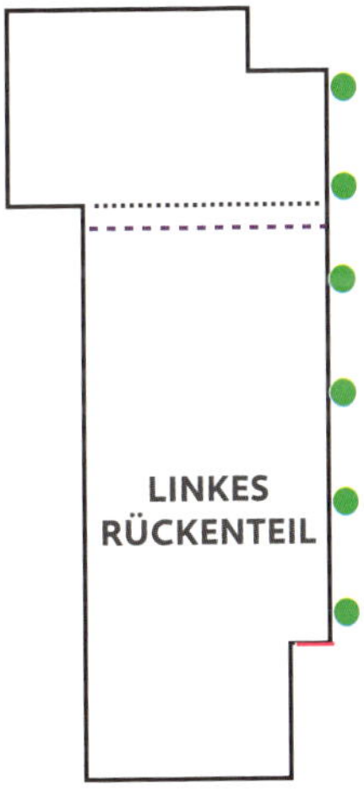

— Die Seiten- und Ärmelnähte schließen.

— Den Schritt schließen.

- - - Mit der Farbe Himmelblau eine Linie in Rückstich eine R unterhalb der Farbe Himmelblau setzen – pro M ein Stich und jeweils 1 M überspringen.

● Auf dem linken Rückenteil 6 Knopfschlaufen in regelmäßigen Abständen anbringen. Die Knöpfe gegenüber auf dem rechten Rückenteil annähen.

— Die Schulternähte schließen.

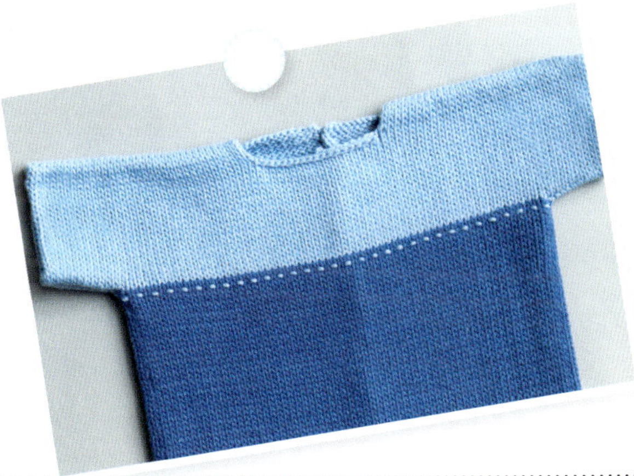

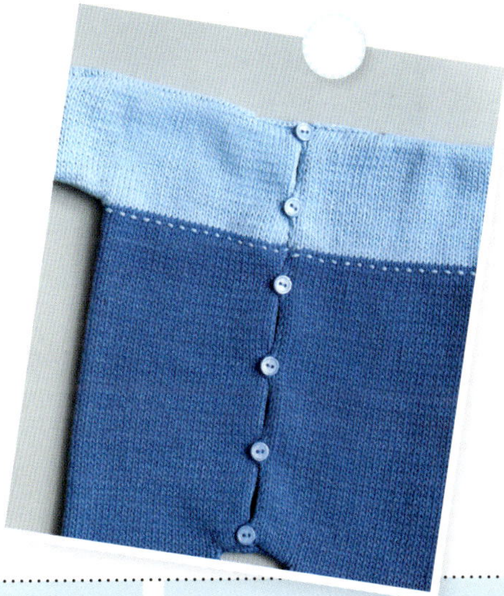

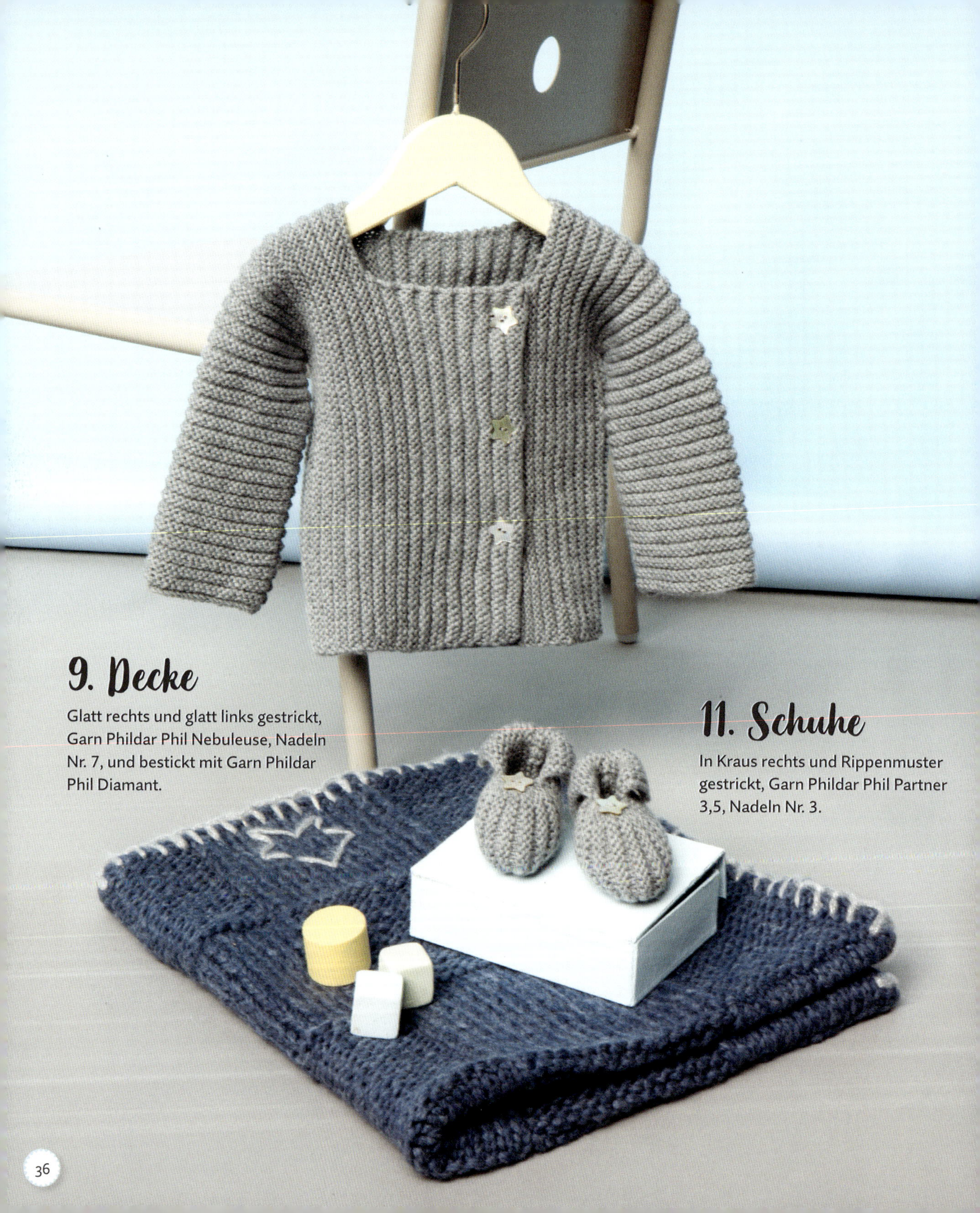

9. Decke

Glatt rechts und glatt links gestrickt, Garn Phildar Phil Nebuleuse, Nadeln Nr. 7, und bestickt mit Garn Phildar Phil Diamant.

11. Schuhe

In Kraus rechts und Rippenmuster gestrickt, Garn Phildar Phil Partner 3,5, Nadeln Nr. 3.

10. Jäckchen

In Rippenmuster gestrickt,
Garn Phildar Phil Partner 3,5,
Nadeln Nr. 3,5.

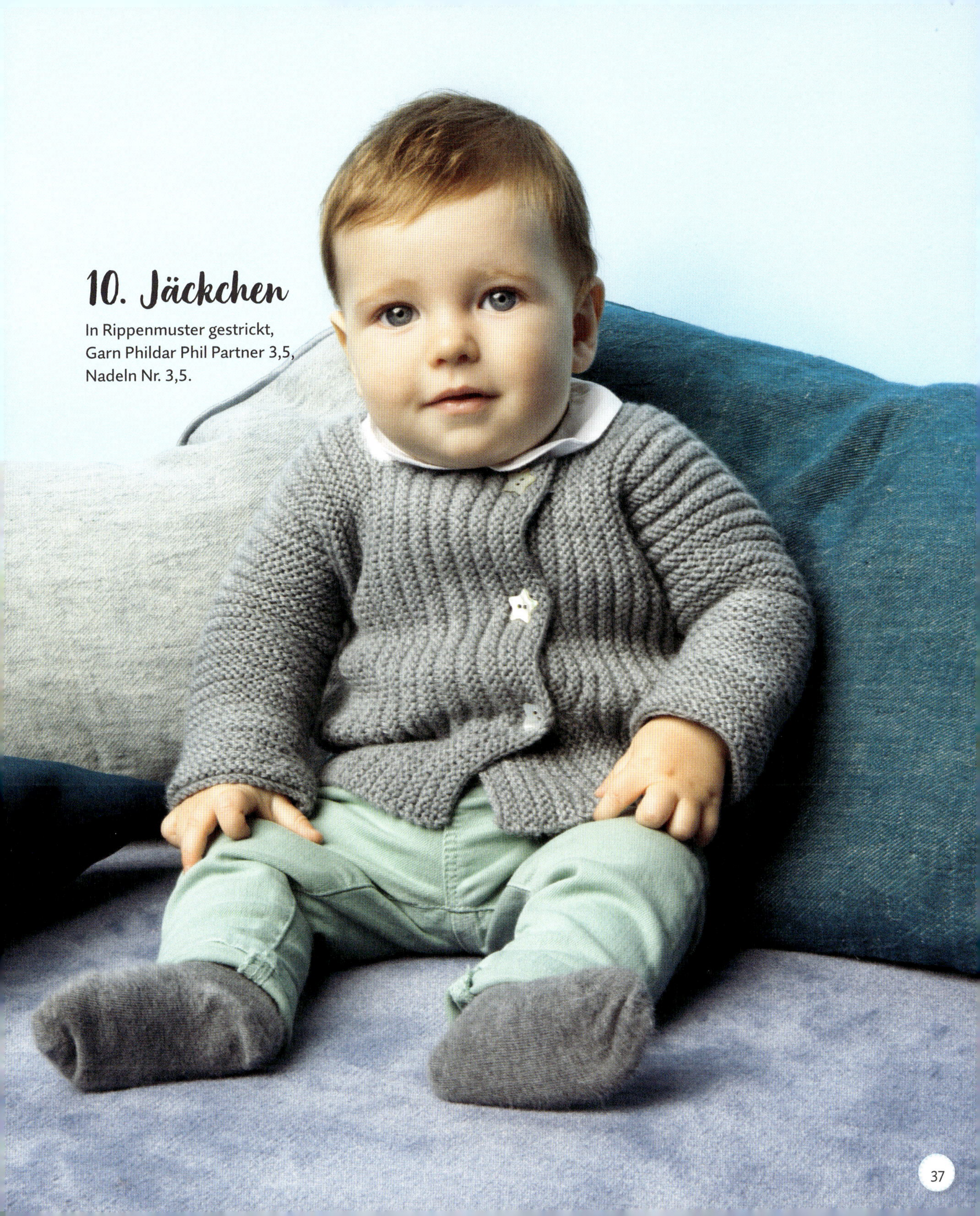

9. Decke

Maße

60 × 72 cm

Material

◊ Phildar Phil Nebuleuse (41 % Baumwolle und 41 % Polyacryl, 18 % Polyamid): 6 Knäuel in Dunkelblau
◊ Phildar Phil Diamant (55 % Baumwolle und 45 % Polyacryl): 1 Knäuel in Silbergrau
◊ Stricknadeln Nr. 7

Strickmuster

◊ **Glatt rechts**
1. Reihe (Hinreihe): alle M rechts stricken.
2. Reihe (Rückreihe): alle M links stricken.
Diese 2 Reihen immer wiederholen.
◊ **Glatt links**
1. Reihe (Hinreihe): alle M links stricken.
2. Reihe (Rückreihe): alle M rechts stricken.
Diese 2 Reihen immer wiederholen.

Außerdem: Stickerei in Steppstich und Schlingstich.

Maschenprobe

Stellen Sie durch das Anfertigen einer Maschenprobe sicher, dass die Größe Ihrer Arbeit mit der Anleitung übereinstimmt.
Glatt rechts oder glatt links mit Nadeln Nr. 7:
10 cm = 12 M und 17 R.

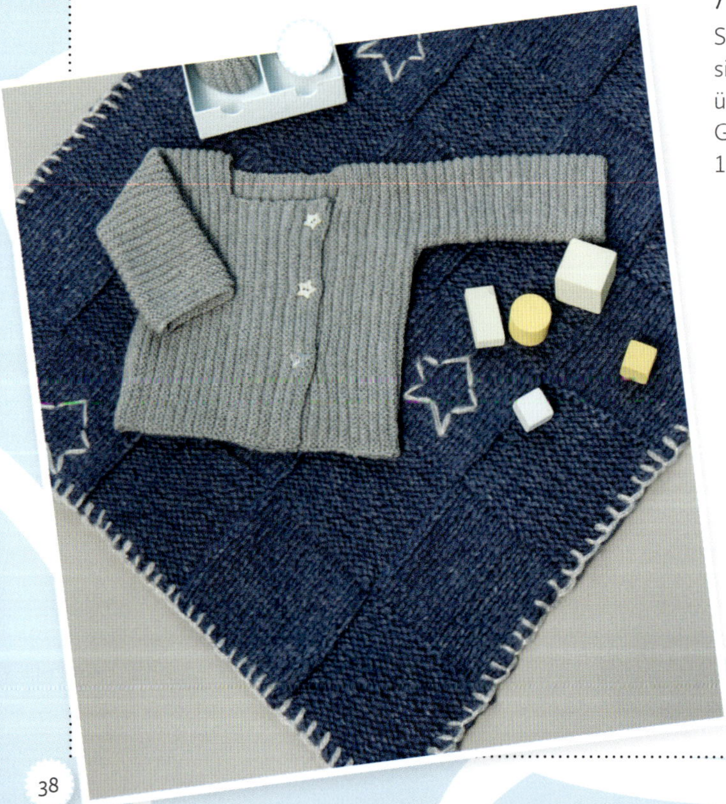

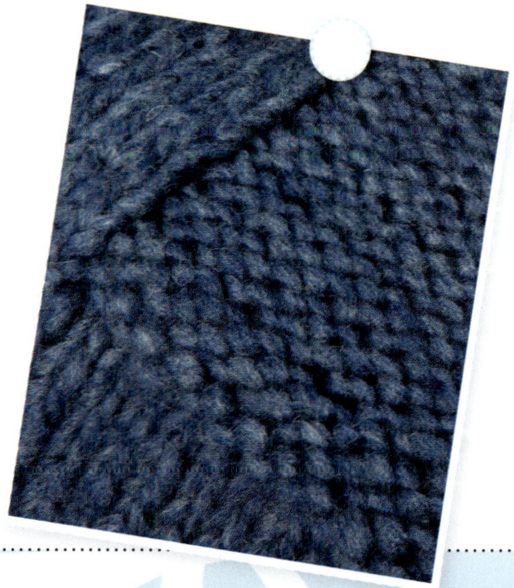

Schnittmuster

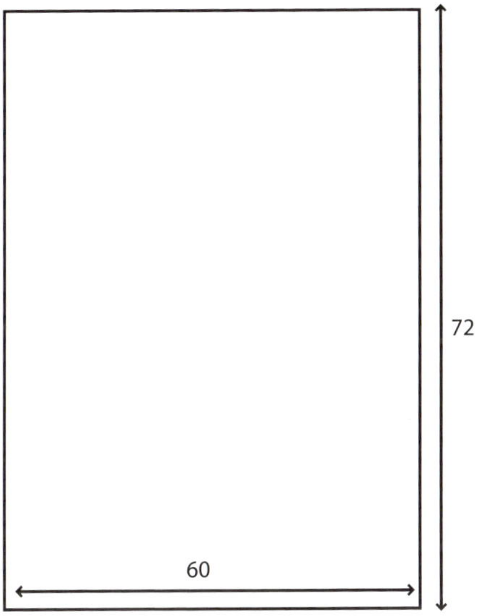

Anleitung

7.) Bei 72 cm Gesamthöhe die M locker abketten

15 M glatt rechts	15 M glatt links	15 M glatt rechts	15 M glatt links	15 M glatt rechts
15 M glatt links	15 M glatt rechts	15 M glatt links	15 M glatt rechts	15 M glatt links
15 M glatt rechts	15 M glatt links	15 M glatt rechts	15 M glatt links	15 M glatt rechts
15 M glatt links	15 M glatt rechts	15 M glatt links	15 M glatt rechts	15 M glatt links
15 M glatt rechts	15 M glatt links	15 M glatt rechts	15 M glatt links	15 M glatt rechts
15 M glatt links	15 M glatt rechts	15 M glatt links	15 M glatt rechts	15 M glatt links

6.) Bei 60 cm Gesamthöhe Muster wechseln.

5.) Bei 48 cm Gesamthöhe Muster wechseln.

4.) Bei 36 cm Gesamthöhe Muster wechseln.

3.) Bei 24 cm Gesamthöhe Muster wechseln.

2.) Bei 12 cm Gesamthöhe Muster wechseln.

1.) 75 M mit Nadeln Nr. 7 anschlagen.
Glatt rechts und glatt links stricken.

Fertigstellen

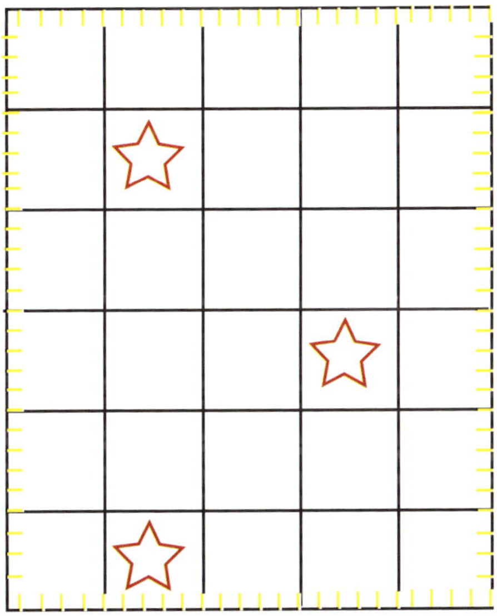

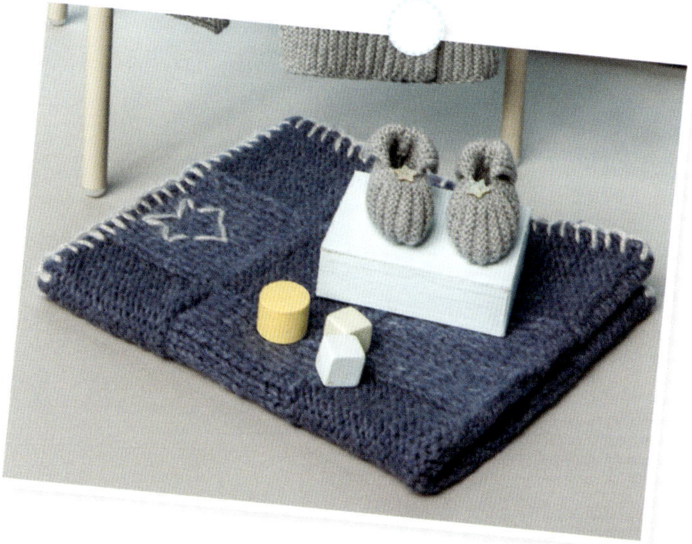

In Silbergrau mit doppeltem Faden im Steppstich Sterne auf die glatt rechts gestrickten Quadrate aufsticken.

In Silbergrau mit doppeltem Faden den Rand der Decke in Schlingstich umsäumen.

10. Jäckchen

Größen

Geburt (3 Monate / 6 Monate)

Die Anleitung ist in 3 Größen verfasst. Die am Anfang des Projekts angegebene Reihenfolge der Größen entspricht der Ziffernfolge in den Schnittmustern. Nebeneinander angeordnete Ziffern geben die Maschenzahl an, untereinander stehende sind Zentimeterangaben.
Beispiel: Für die Größe 6 Monate müssen Sie sich in Anleitung und Schnittmuster an die erste Ziffer in der Klammer halten und bei den senkrecht neben den Schnittmustern stehenden Ziffern an die mittlere.

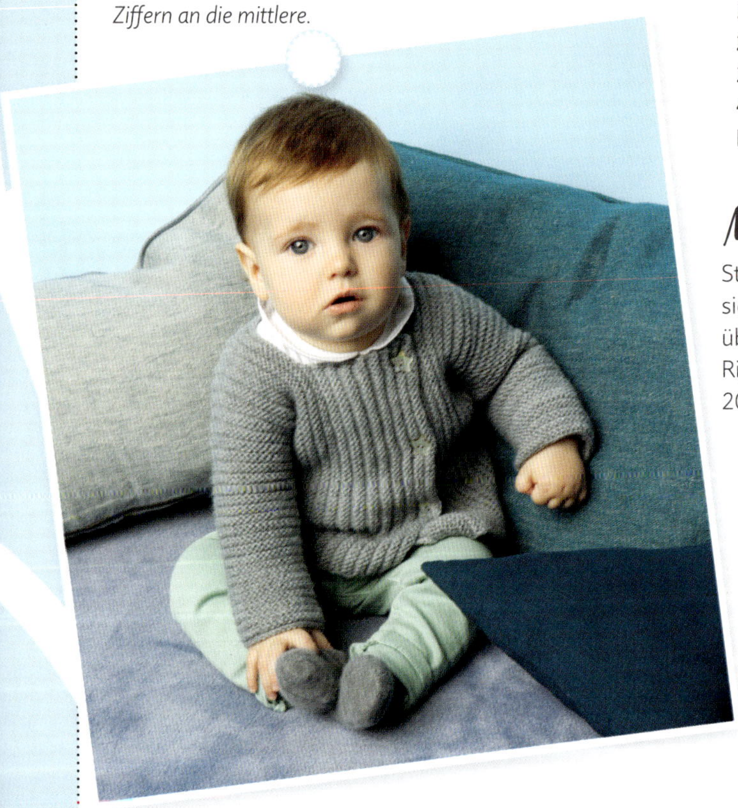

Material

- Phildar Phil Partner 3,5 (50 % Polyamid, 25 % Wolle und 25 % Polyacryl): **3 (3/4)** Knäuel in Grau
- Stricknadeln Nr. 3,5
- 3 Knöpfe
- 1 Hilfsnadel

Strickmuster

- **Rippenmuster**

  1. Reihe (Hinreihe): alle M rechts stricken.
  2. Reihe (Rückreihe): alle M links stricken.
  3. Reihe (Hinreihe): alle M links stricken.
  4. Reihe (Rückreihe): alle M rechts stricken.
  Diese 4 Reihen immer wiederholen.

Maschenprobe

Stellen Sie durch das Anfertigen einer Maschenprobe sicher, dass die Größe Ihrer Arbeit mit der Anleitung übereinstimmt.
Rippenmuster mit Nadeln Nr. 3,5:
20 cm = 53 M und 10 cm = 48 R.

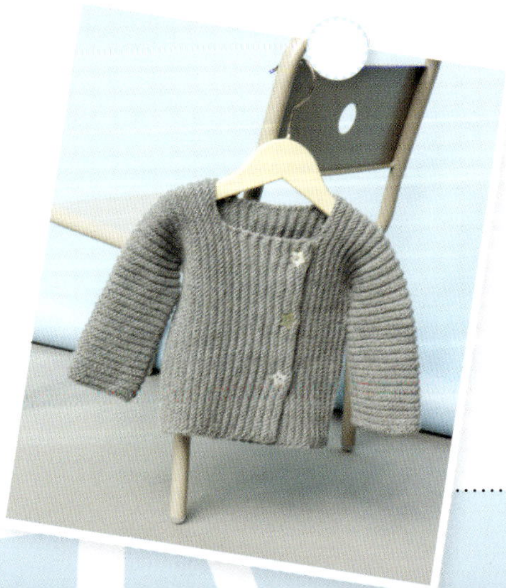

Schnittmuster

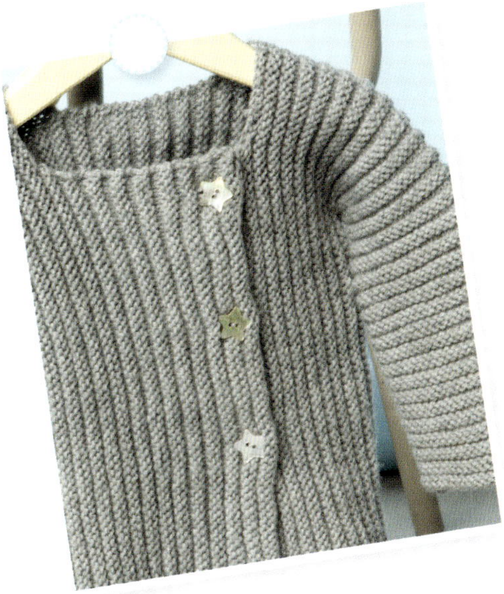

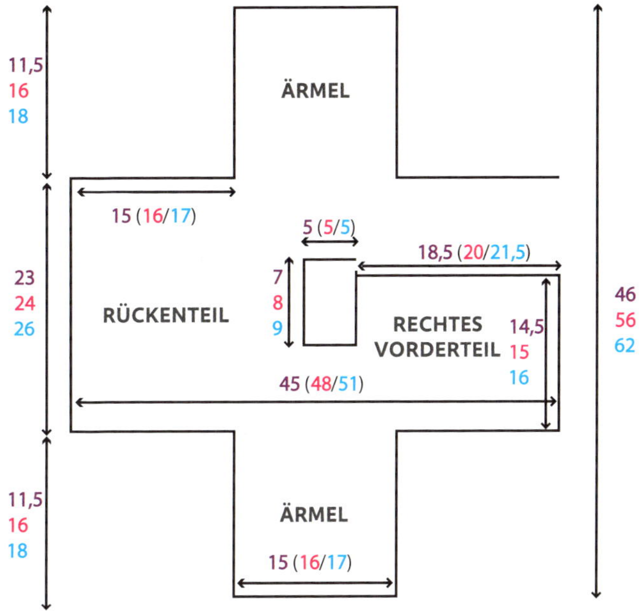

Anleitung

1. TEIL
Anleitung rechter Ärmel, rechtes Vorderteil und halbes Rückenteil

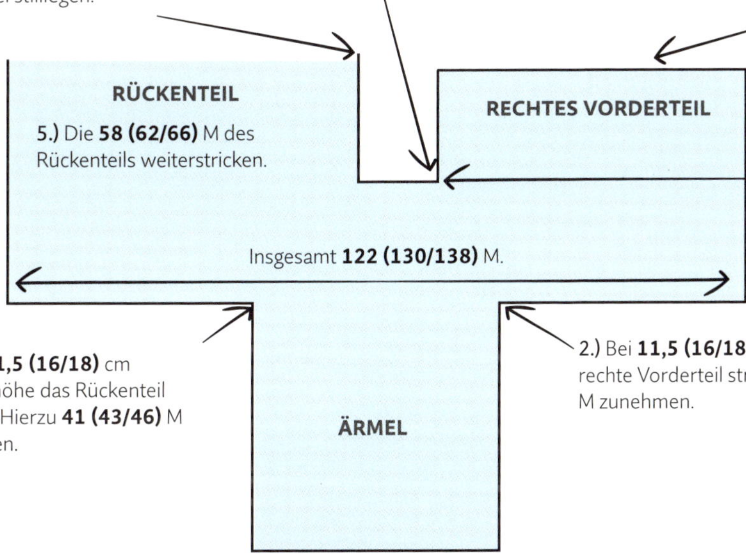

1.) **40 (44/46)** M mit Nadeln Nr. 3,5 anschlagen. Rippenmuster stricken.

2.) Bei **11,5 (16/18)** cm Gesamthöhe das rechte Vorderteil stricken. Hierzu **41 (43/46)** M zunehmen.

3.) Bei **11,5 (16/18)** cm Gesamthöhe das Rückenteil stricken. Hierzu **41 (43/46)** M zunehmen.

4.) Bei **19,5 (24/26,5)** cm Gesamthöhe den Halsausschnitt wie folgt herausarbeiten: **50 (54/58)** M des rechten Vorderteils stricken, die folgenden **14 (14/14)** M abketten, dann die **58 (62/66)** M des Rückenteils stricken.

5.) Die **58 (62/66)** M des Rückenteils weiterstricken.

6.) Bei **26,5 (32/35,5)** cm Gesamthöhe die M auf einer Hilfsnadel stilllegen.

7.) Die **50 (54/58)** M des rechten Vorderteils im Rippenmuster weiterstricken.

8.) Bei **26 (31/34)** cm Gesamthöhe die M abketten. Das rechte Vorderteil ist fertig.

Anleitung Jäckchen

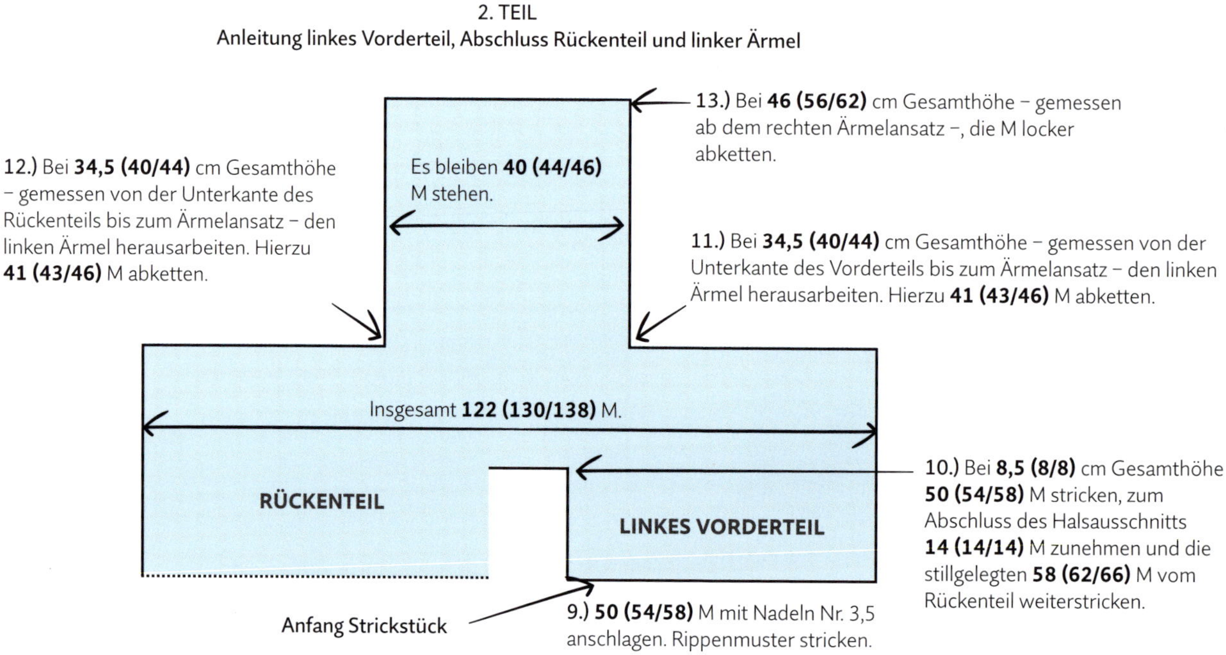

Zusammenfügen und fertigstellen

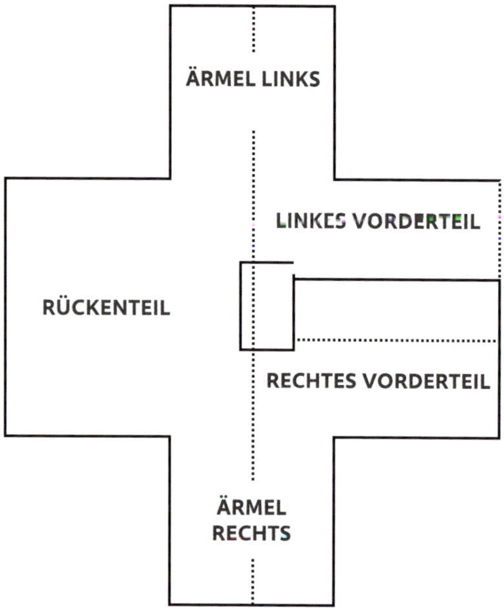

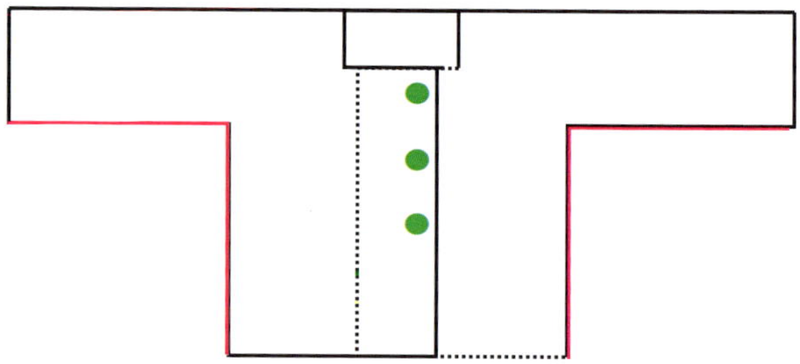

- ······ Das Jäckchen in der Mitte falten.
- (rot) Die Seiten- und Ärmelnähte schließen.
- ● 3 Knopflöcher durch Auseinanderschieben der Maschen am rechten Vorderteil bilden und mit ein paar Stichen fixieren. Hierzu das 1. Knopfloch 1 cm unterhalb des Ausschnitts setzen, die folgenden in einem Abstand von **6,5 (7/7,5)** cm.
- — Die Knöpfe am linken Vorderteil gegenüber annähen.

11. Schuhe

Einheitsgröße

Passend von der Geburt bis 3 Monate.

Material

- Phildar Phil Partner 3,5 (50 % Polyamid, 25 % Wolle und 25 % Polyacryl): 1 Knäuel in Grau
- Stricknadeln Nr. 3
- 2 Knöpfe

Strickmuster

- **Kraus rechts**
  1. Reihe (Hinreihe): alle M rechts stricken.
  2. Reihe (Rückreihe): alle M rechts stricken.
  Diese 2 Reihen immer wiederholen.
- **Rippenmuster**
  1. Reihe (Hinreihe): alle M rechts stricken.
  2. Reihe (Rückreihe): alle M links stricken.
  3. Reihe (Hinreihe): alle M links stricken.
  4. Reihe (Rückreihe): alle M rechts stricken.
  Diese 4 Reihen immer wiederholen.

Schnittmuster

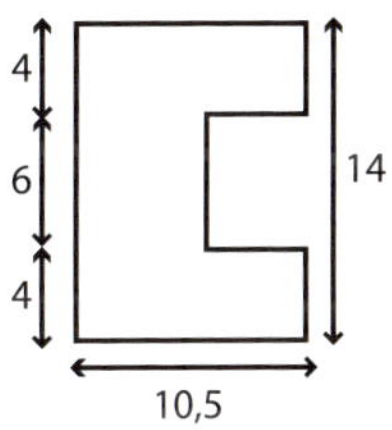

Anleitung

SCHÜHCHEN 2-MAL STRICKEN

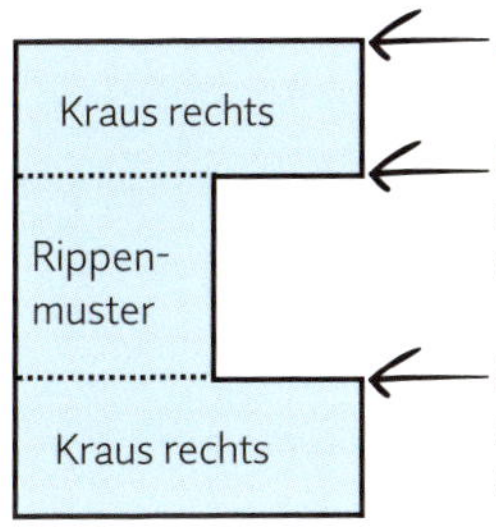

4.) Bei 14 cm Gesamthöhe die M abketten.

3.) Bei 10 cm Gesamthöhe 11 M zunehmen, dann die 26 M kraus rechts weiterstricken.

2.) Bei 4 cm Gesamthöhe 11 M abketten, dann die 15 M in Rippenmuster weiterstricken.

1.) 26 M mit Nadeln Nr. 3 anschlagen.
Kraus rechts stricken.

Zusammenfügen und fertigstellen

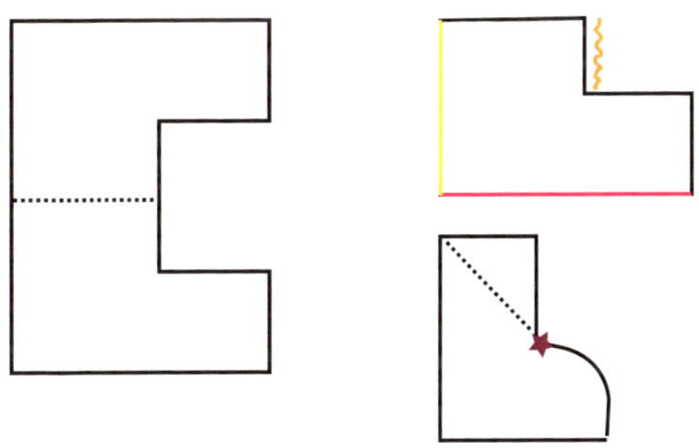

······ Das Schühchen in der Mitte falten.

— Den Schaft zur Hälfte nach außen umschlagen. und die Fersennaht schließen.

— Die Sohlennaht schließen.

〰 Einen Faden durch den Tunnel führen und festziehen.

★ Ein Knopf oben auf das Schühchen nähen.

— Den Rand des Schafts umgeklappten rundum mit ein paar Stichen befestigen.

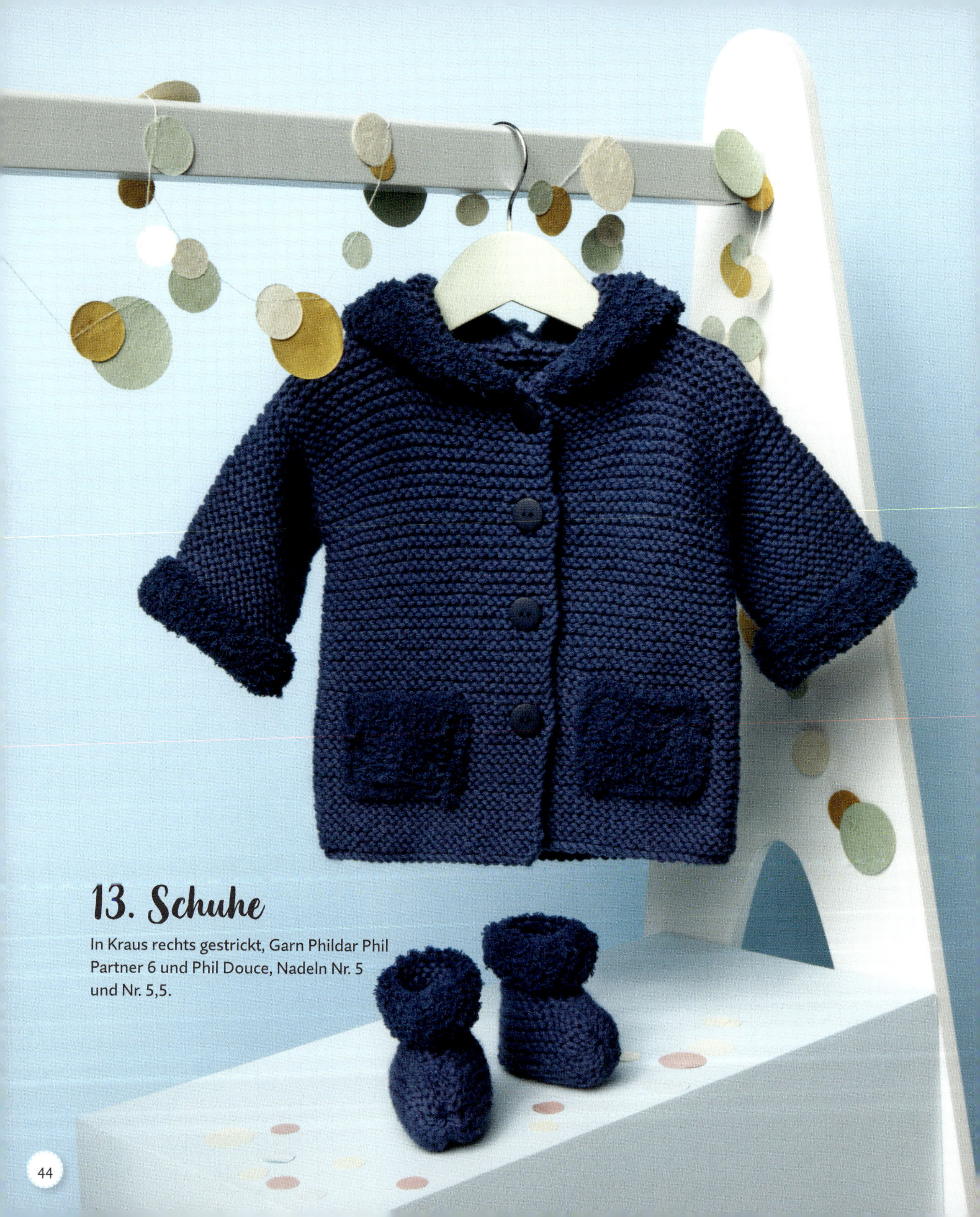

13. Schuhe

In Kraus rechts gestrickt, Garn Phildar Phil Partner 6 und Phil Douce, Nadeln Nr. 5 und Nr. 5,5.

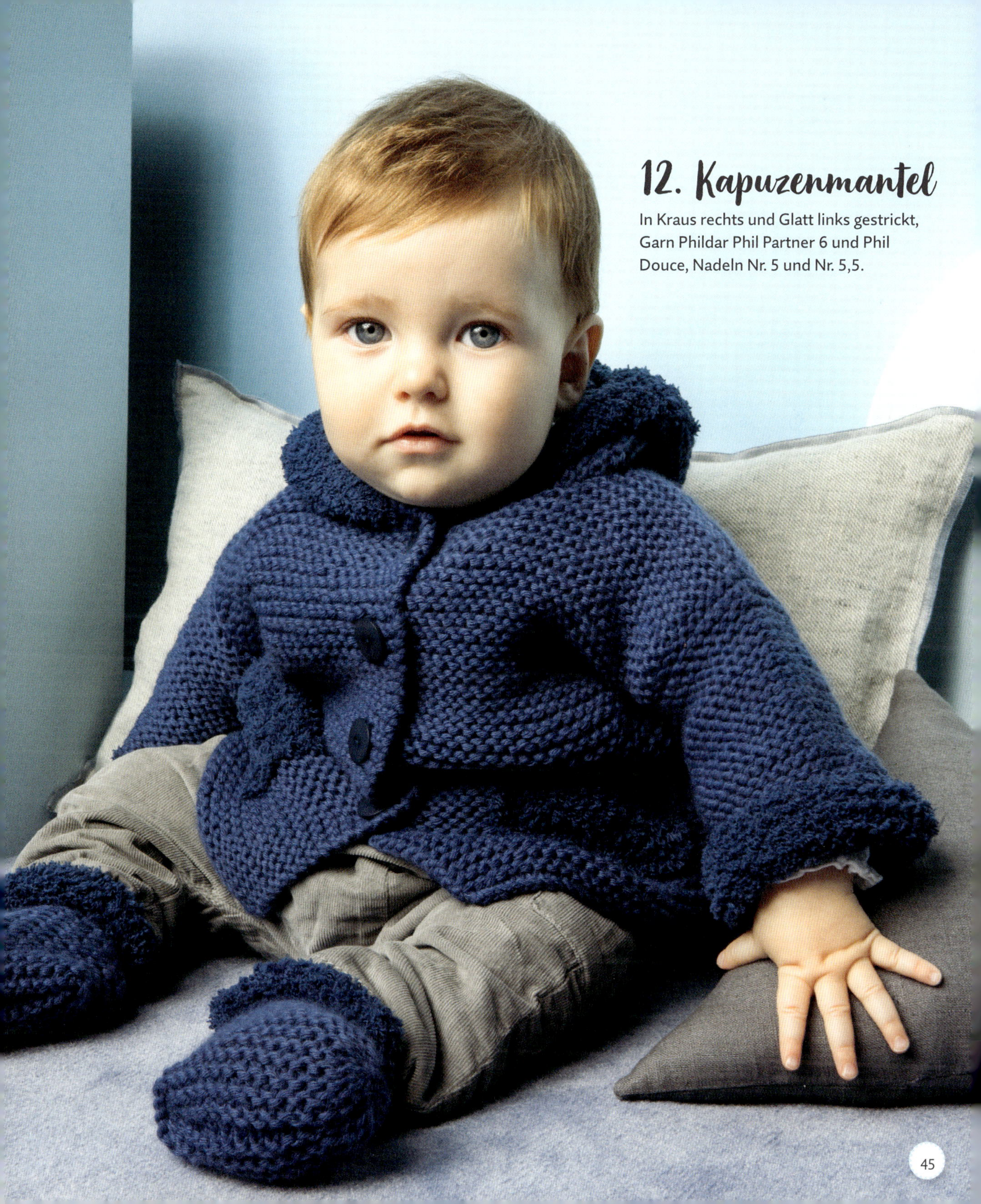

12. Kapuzenmantel

In Kraus rechts und Glatt links gestrickt, Garn Phildar Phil Partner 6 und Phil Douce, Nadeln Nr. 5 und Nr. 5,5.

12. Kapuzenmantel

Größen

3 Monate (6 Monate / 12 Monate)

Die Anleitung ist in 3 Größen verfasst. Die am Anfang des Projekts angegebene Reihenfolge der Größen entspricht der Ziffernfolge in den Schnittmustern. Nebeneinander angeordnete Ziffern geben die Maschenzahl an, untereinander stehende sind Zentimeterangaben.
Beispiel: Für die Größe 6 Monate müssen Sie sich in Anleitung und Schnittmuster an die erste Ziffer in der Klammer halten und bei den senkrecht neben den Schnittmustern stehenden Ziffern an die mittlere.

Material

◊ Phildar Phil Partner 6 (50 % Polyamid, 25 % Wolle und 25 % Polyacryl): **4 (5/6)** Knäuel in Dunkelblau
◊ Phildar Phil Douce (100 % Polyester): **2 (2/2)** Knäuel in Dunkelblau
◊ Stricknadeln Nr. 5 und Nr. 5,5
◊ 3 Knöpfe

Strickmuster

◊ **Kraus rechts**
1. Reihe (Hinreihe): alle M rechts stricken.
2. Reihe (Rückreihe): alle M rechts stricken.
Diese 2 Reihen immer wiederholen.

◊ **Glatt links**
1. Reihe (Hinreihe): alle M links stricken.
2. Reihe (Rückreihe): alle M rechts stricken.
Diese 2 Reihen immer wiederholen.

Maschenprobe

Stellen Sie durch das Anfertigen einer Maschenprobe sicher, dass die Größe Ihrer Arbeit mit der Anleitung übereinstimmt.
Kraus rechts mit Nadeln Nr. 5,5, Garn Phil Partner 6: 10 cm = 17 M und 20 cm = 67 R.

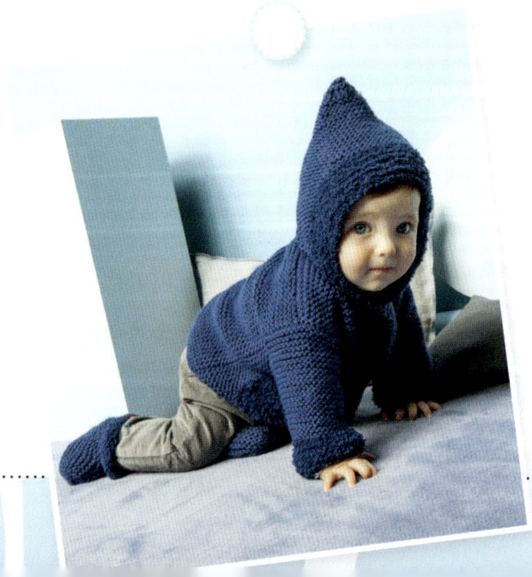

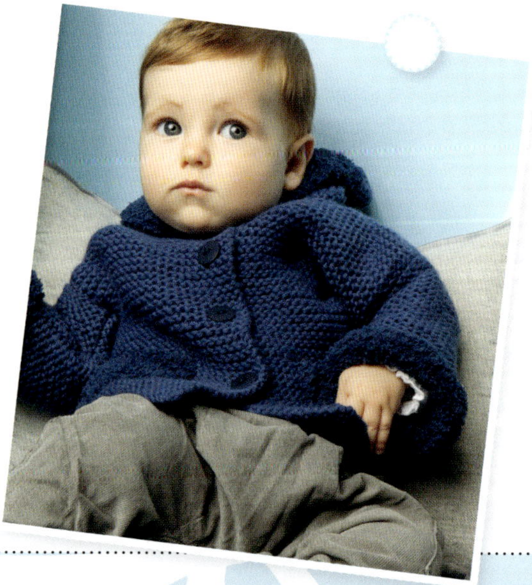

Schnittmuster

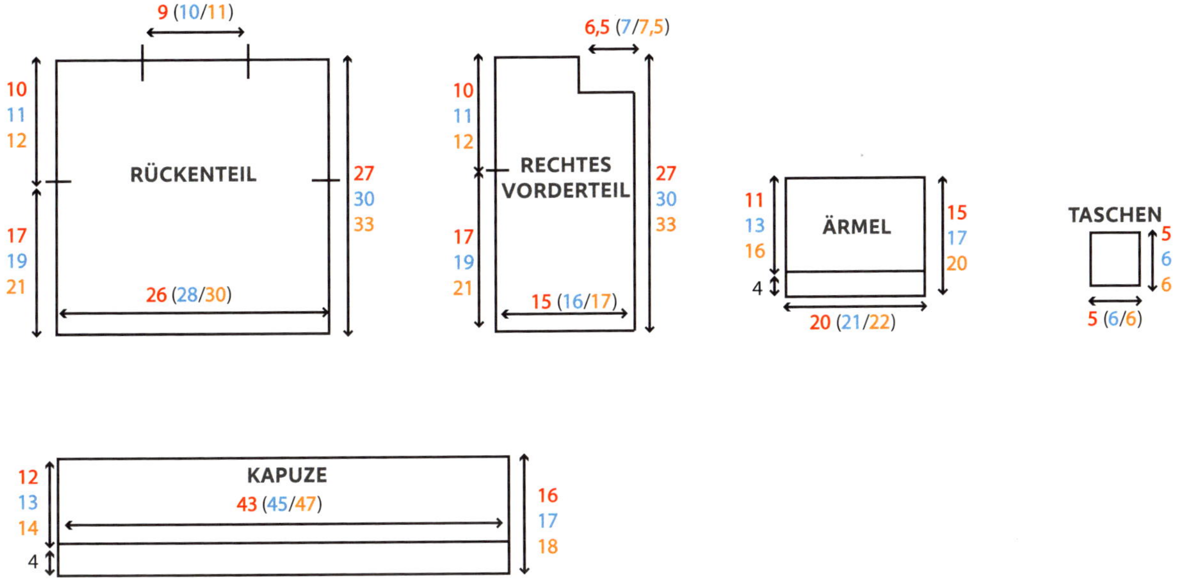

Anleitung

RÜCKENTEIL

4.) Bei **27 (30/33)** cm Gesamthöhe einen bunten Faden an jeder Seite der mittigen **15 (17/19)** M für den Ausschnitt anbringen.

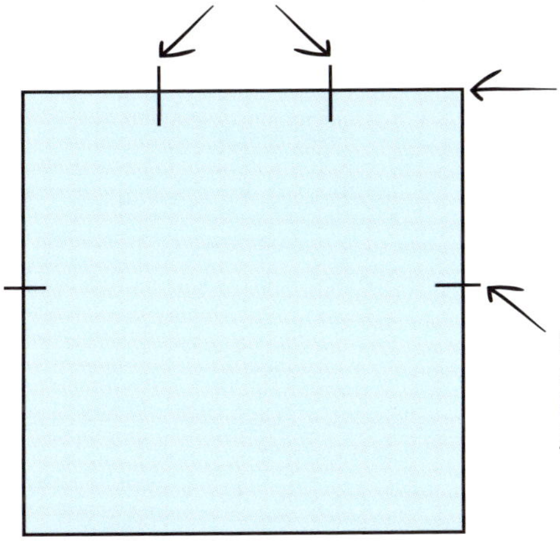

5.) Bei **27 (30/33)** cm Gesamthöhe die **15 (16/17)** M abketten.

3.) Bei **17 (19/21)** cm Gesamthöhe mit einem bunten Faden das Ärmelloch markieren.

2.) Bei **17 (19/21)** cm Gesamthöhe mit einem bunten Faden das Ärmelloch markieren.

1.) **45 (49/53)** M mit Nadeln Nr. 5,5, Garn Phil Partner 6 anschlagen. Kraus rechts stricken.

ÄRMEL
2-MAL STRICKEN

3.) Bei **15 (17/20)** cm Gesamthöhe die M locker abketten.

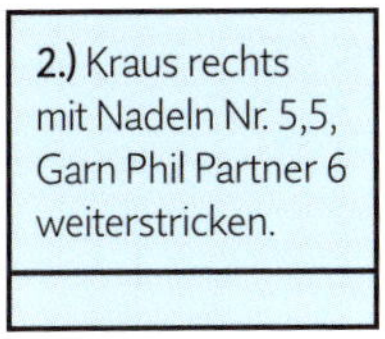

1.) **35 (37/39)** M mit Nadeln Nr. 5, Garn Phil Douce anschlagen. 4 cm glatt links stricken.

Anleitung Kapuzenmantel

RECHTES VORDERTEIL

4.) Bei **27 (30/33)** cm Gesamthöhe die verbleibenden **15 (16/ 17)** M locker abketten.

3.) Bei **23 (26/28)** cm Gesamthöhe **12 (13/14)** M für den Ausschnitt abketten.

2.) Bei **17 (19/21)** cm Gesamthöhe mit einem bunten Faden das Ärmelloch markieren.

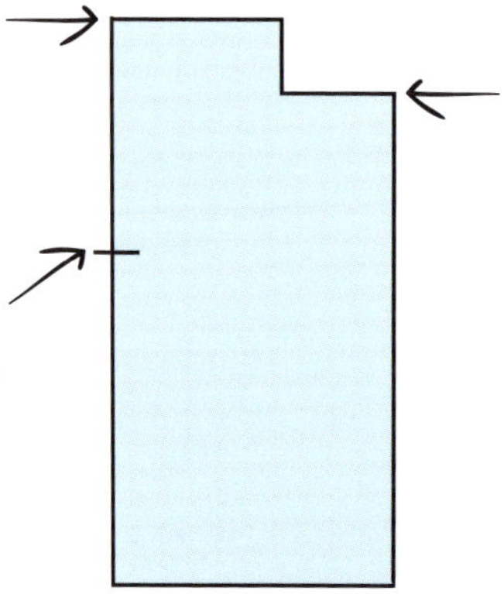

1.) **27 (29/31)** M mit Nadeln Nr. 5,5, Garn Phil Partner 6 anschlagen. Kraus rechts stricken.

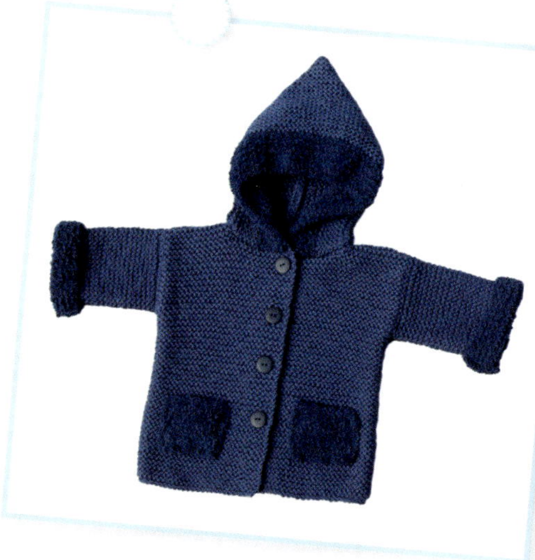

KAPUZE

3.) Bei **16 (17/18)** cm Gesamthöhe die M locker abketten.

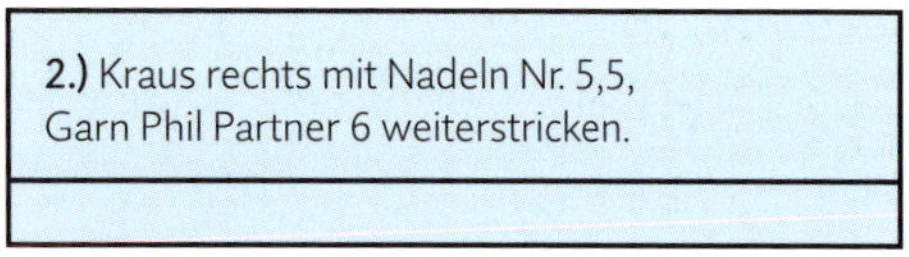

2.) Kraus rechts mit Nadeln Nr. 5,5, Garn Phil Partner 6 weiterstricken.

1.) **74 (78/82)** M mit Nadeln Nr. 5, Garn Phil Douce anschlagen. 4 cm glatt links stricken.

TASCHEN
2-MAL STRICKEN

2.) Bei **5 (6/6)** cm Gesamthöhe die M locker abketten.

1.) **9 (13/13)** M mit Nadeln Nr. 5, Garn Phil Douce anschlagen. Glatt links stricken.

LINKES VORDERTEIL

4.) Bei **27 (30/33)** cm Gesamthöhe die verbleibenden **15 (16/17)** M locker abketten.

3.) Bei **23 (26/28)** cm Gesamthöhe 1 × 12 M (1 × 13 M/1 × 14 M) für den Ausschnitt abketten.

2.) Bei **17 (19/21)** cm Gesamthöhe mit einem bunten Faden das Ärmelloch markieren.

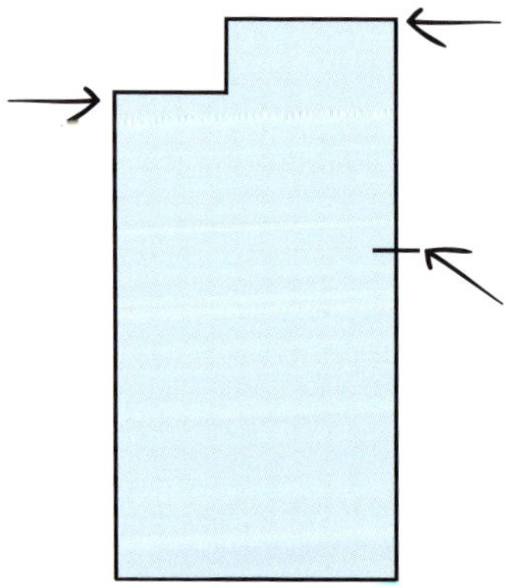

1.) **27 (29/31)** M mit Nadeln Nr. 5,5, Garn Phil Partner 6 anschlagen. Kraus rechts stricken.

Zusammenfügen und fertigstellen

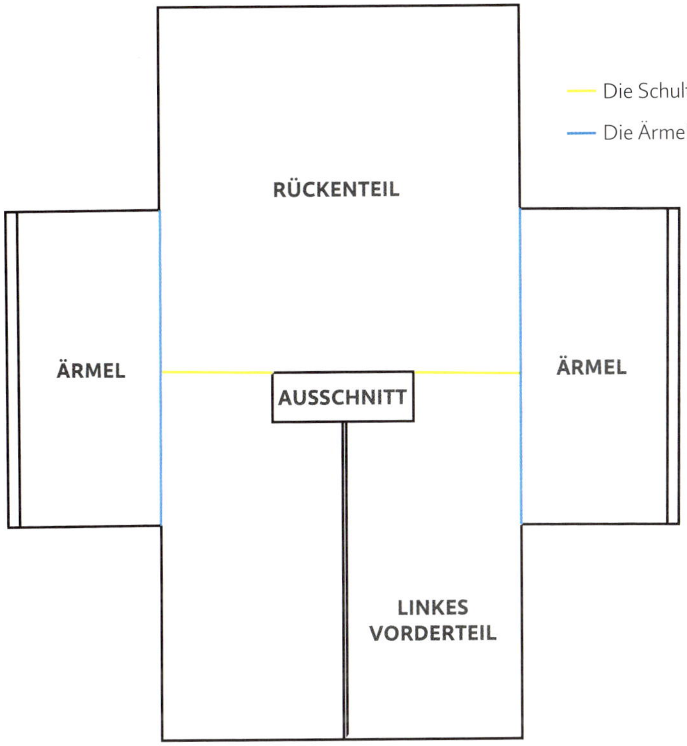

Die Schulternähte schließen.

Die Ärmel in die Ärmellöcher einsetzen.

KAPUZE

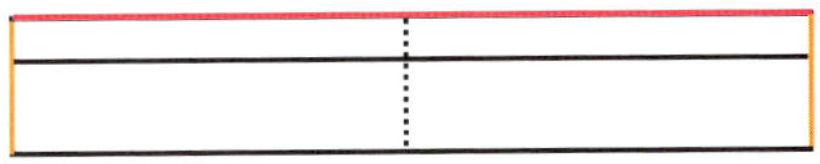

Die Kapuze in der Mitte falten.

Die Kapuze mit einer Naht schließen.

KAPUZE GEFALTET

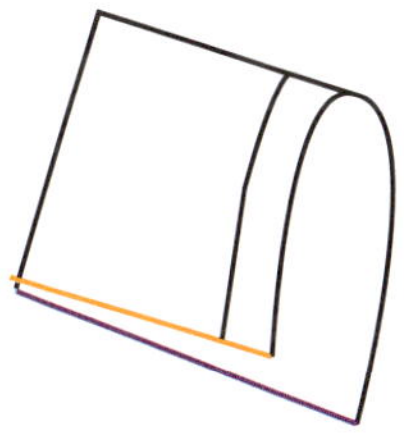

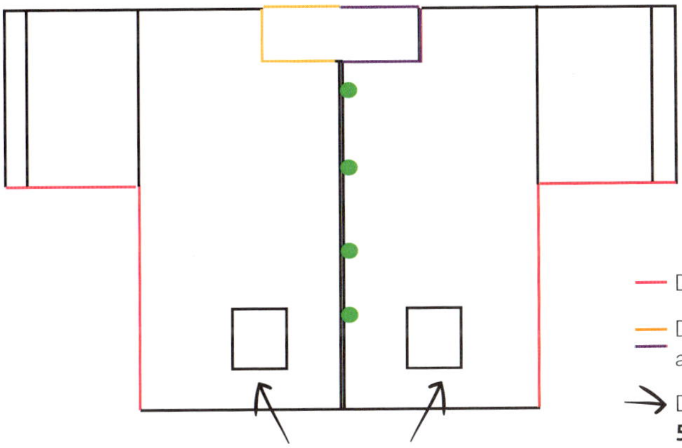

Die Seiten- und Ärmelnähte schließen.

Die Kapuze an den Ausschnitt annähen – das Stück in Phil Douce an die Oberkante der Vorderteile.

Die Taschen **8 (9/10)** M vom Rand und auf die **5. (7./9.)** Rippe in Kraus rechts aufnähen.

4 Knopflöcher durch Auseinanderschieben der Maschen bilden und mit ein paar Stichen fixieren. Das 1. bei **7 (7/6)** cm Gesamthöhe setzen, die folgenden in einem Abstand von **5 (6/7)** cm. Die Knöpfe gegenüber annähen.

13. Schuhe

Einheitsgröße

Passend für 3 bis 6 Monate.

Material

◊ Phildar Phil Douce (100 % Polyester): 1 Knäuel in Dunkelblau
◊ Phildar Phil Partner 6 (50 % Polyamid, 25 % Wolle, 25 % Polyacryl): 1 Knäuel in Dunkelblau
◊ Stricknadeln Nr. 5 und Nr. 5,5

Strickmuster

◊ **Kraus rechts**

1. Reihe (Hinreihe): alle M rechts stricken.
2. Reihe (Rückreihe): alle M rechts stricken.
Diese 2 Reihen immer wiederholen.

◊ **Glatt rechts**

1. Reihe (Hinreihe): alle M rechts stricken.
2. Reihe (Rückreihe): alle M links stricken.
Diese 2 Reihen immer wiederholen.

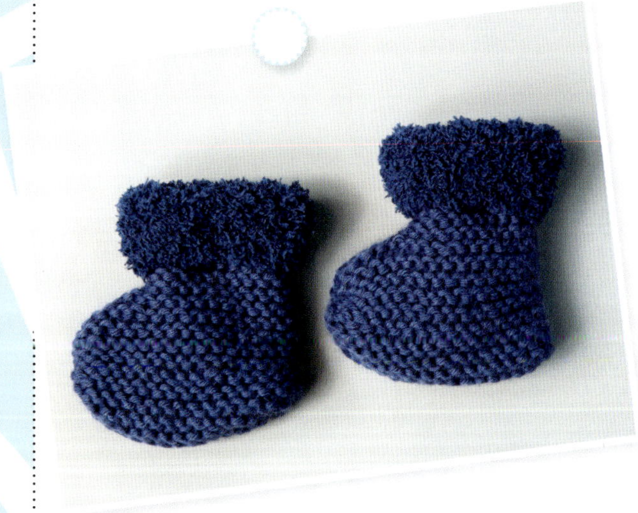

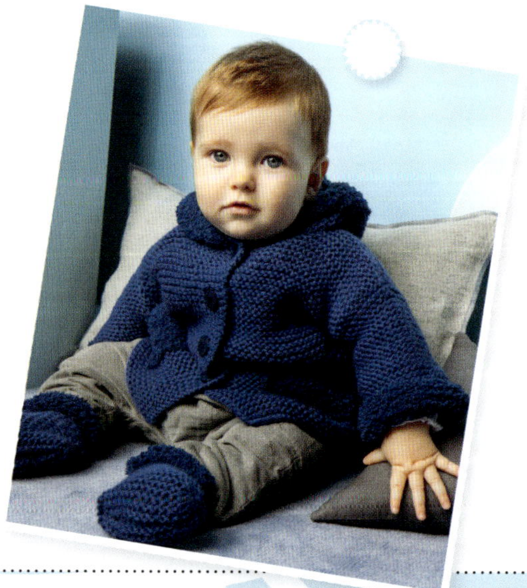

Schnittmuster

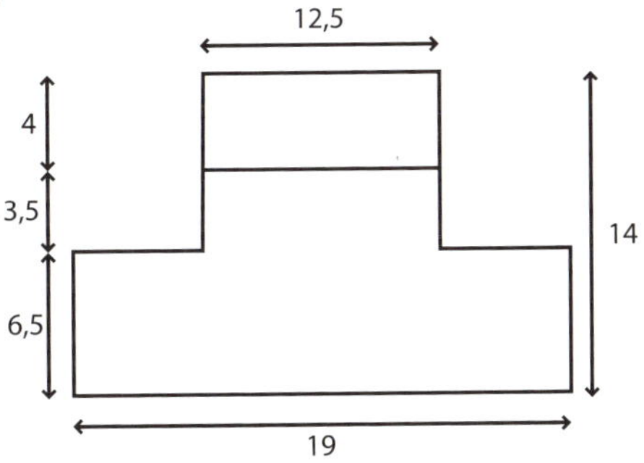

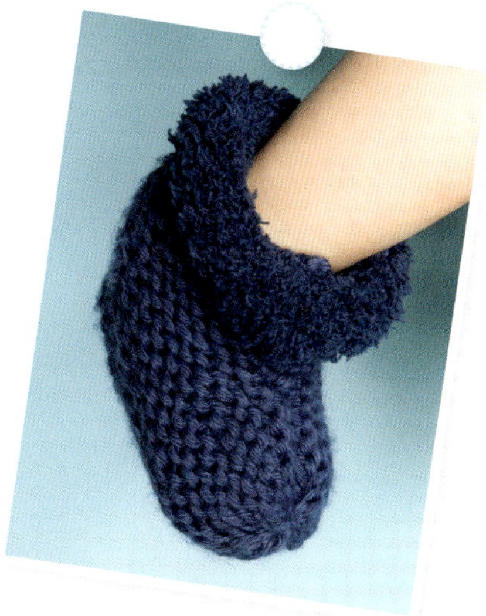

Anleitung

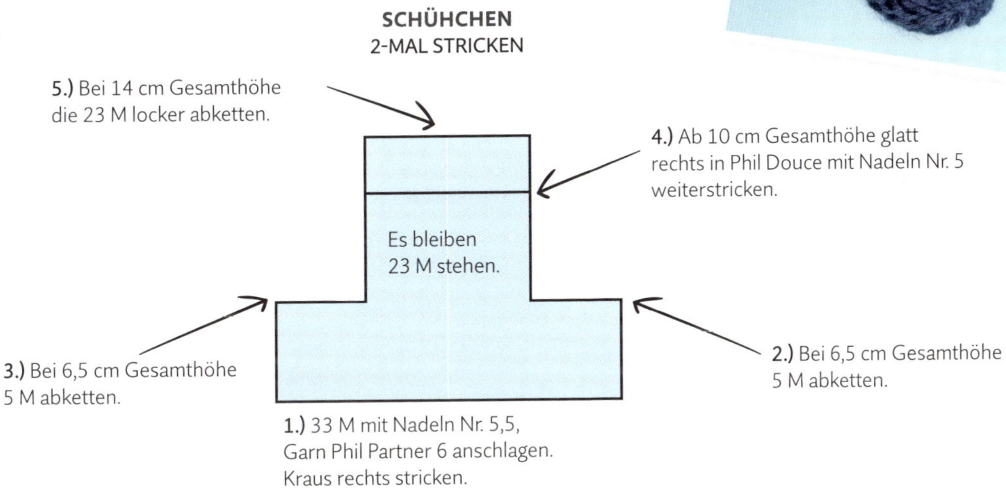

Zusammenfügen und fertigstellen

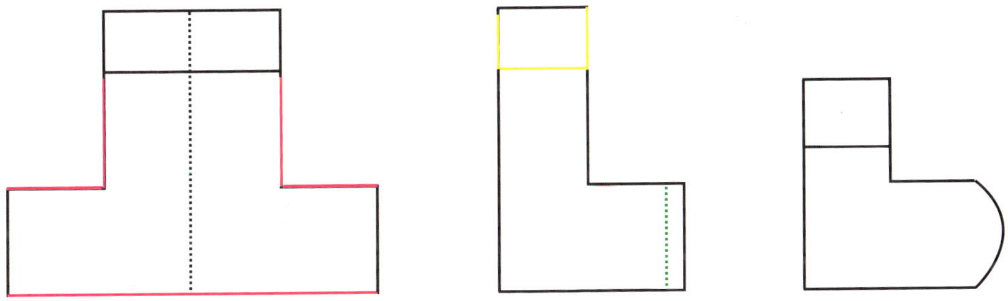

- (schwarz gepunktet) Das Schühchen in der Mitte falten.
- (rot) Die Sohlennaht schließen, den Schaft bei 4 cm nach außen umschlagen und die Fersennaht schließen. Die obere Naht schließen.
- (gelb) Den Rand in Phil Douce umklappen und rundum mit ein paar Stichen befestigen.
- (grün gepunktet) Einen Faden durch den Tunnel führen und festziehen.

14. Kurze Latzhose

Glatt rechts und kraus rechts gestrickt, Garn Phildar Phil Charly, Nadeln Nr. 3,5 und Nr. 4.

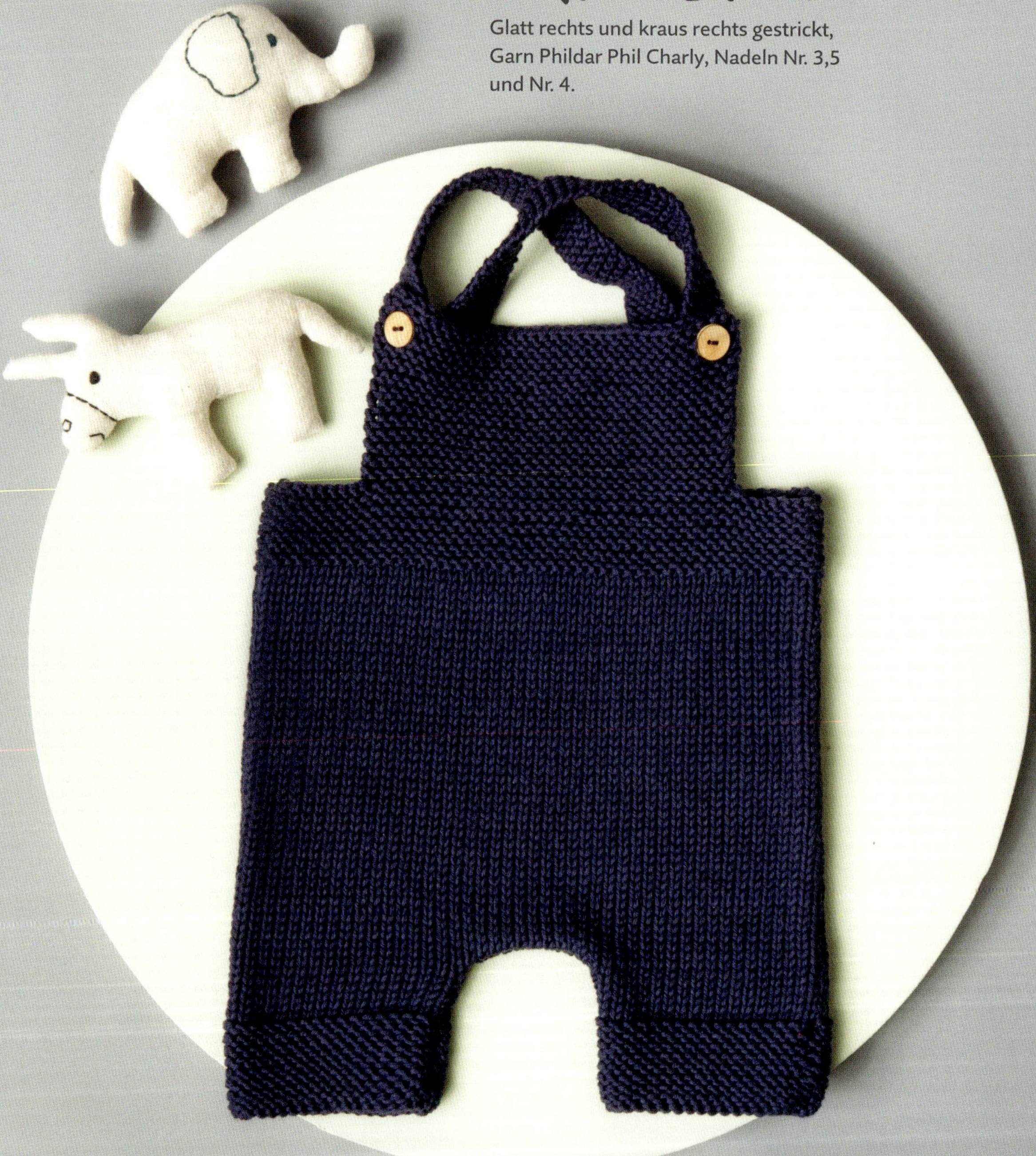

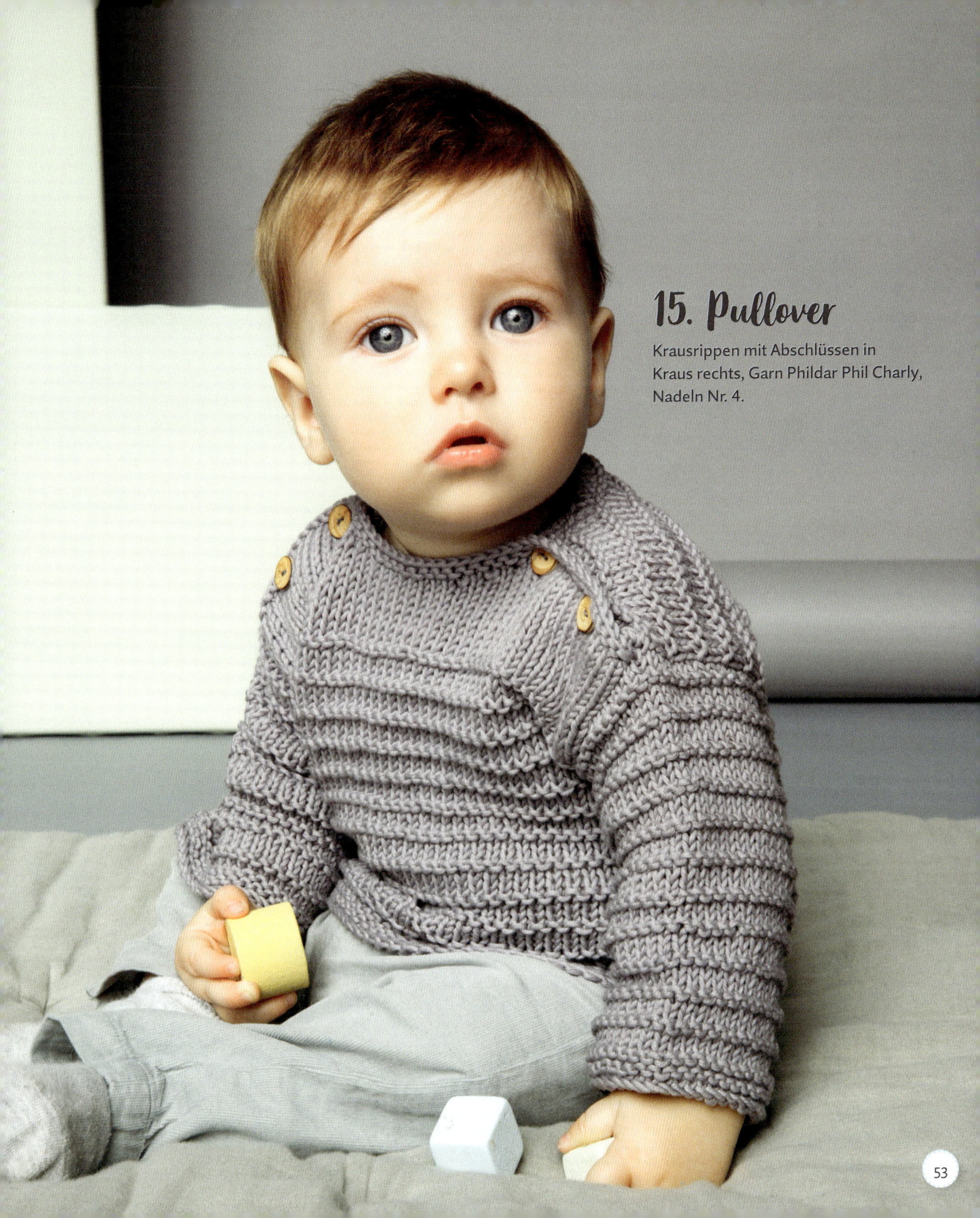

15. Pullover

Krausrippen mit Abschlüssen in Kraus rechts, Garn Phildar Phil Charly, Nadeln Nr. 4.

14. Kurze Latzhose

Größen

3 Monate (6 Monate / 12 Monate)

Die Anleitung ist in 3 Größen verfasst. Die am Anfang des Projekts angegebene Reihenfolge der Größen entspricht der Ziffernfolge in den Schnittmustern. Nebeneinander angeordnete Ziffern geben die Maschenzahl an, untereinander stehende sind Zentimeterangaben.
Beispiel: Für die Größe 6 Monate müssen Sie sich in Anleitung und Schnittmuster an die erste Ziffer in der Klammer halten und bei den senkrecht neben den Schnittmustern stehenden Ziffern an die mittlere.

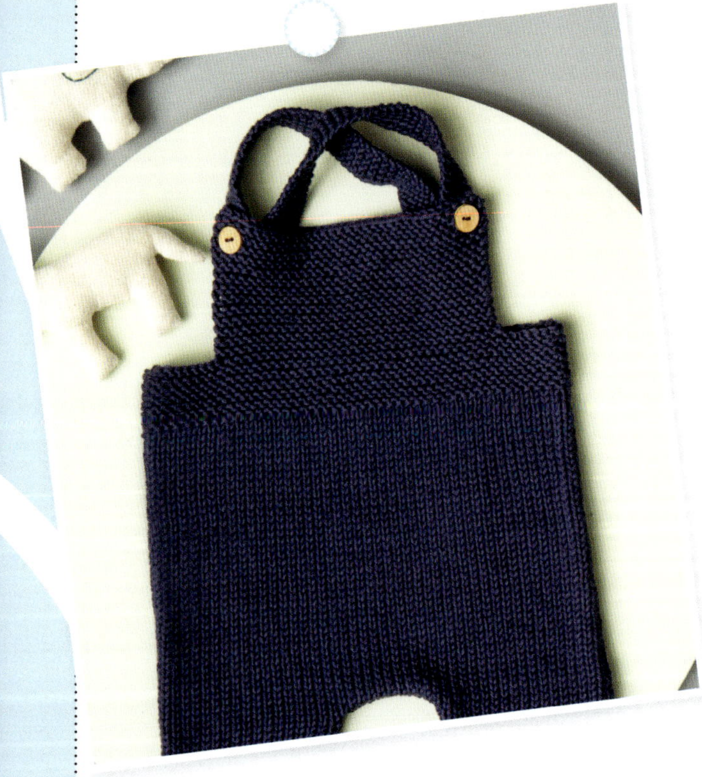

Material

◊ Phildar Phil Charly (100 % Polyacryl): **3 (4/4)** Knäuel in Dunkelblau
◊ Stricknadeln Nr. 3,5 und Nr. 4
◊ 2 Knöpfe

Strickmuster

◊ **Kraus rechts**
1. Reihe (Hinreihe): alle M rechts stricken.
2. Reihe (Rückreihe): alle M rechts stricken.
Diese 2 Reihen immer wiederholen.

◊ **Glatt rechts**
1. Reihe (Hinreihe): alle M rechts stricken.
2. Reihe (Rückreihe): alle M links stricken.
Diese 2 Reihen immer wiederholen.

Maschenprobe

Stellen Sie durch das Anfertigen einer Maschenprobe sicher, dass die Größe Ihrer Arbeit mit der Anleitung übereinstimmt.
Glatt rechts mit Nadeln Nr. 4:
10 cm = 20 M und 28 R.
Kraus rechts mit Nadeln Nr. 3,5:
10 cm = 21 M und 42 R.

Schnittmuster

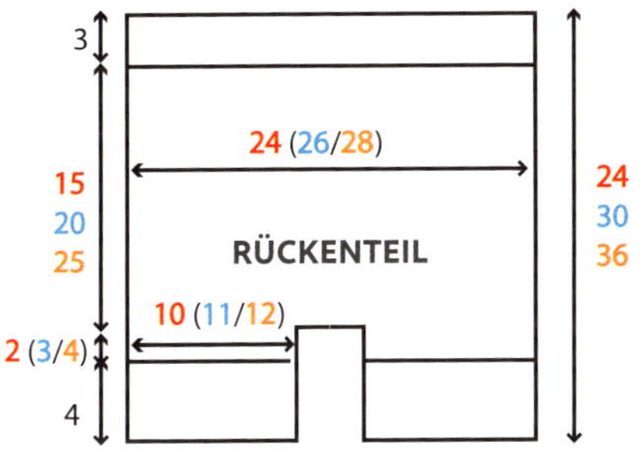

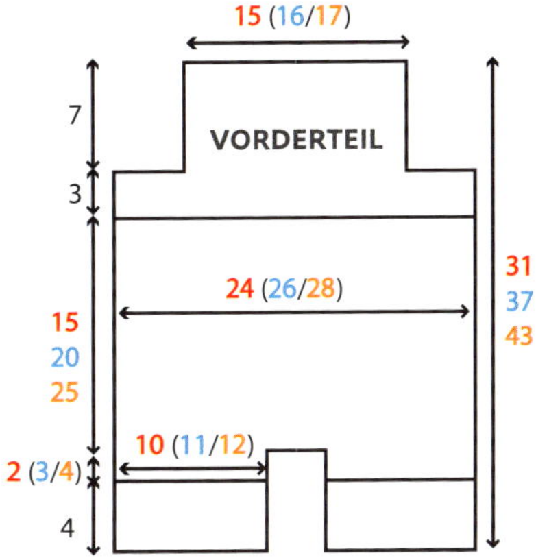

Anleitung

RÜCKENTEIL

Mit dem 1. Bein beginnen.

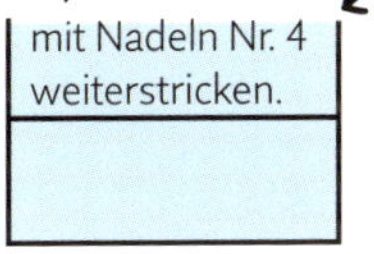

1.) **21 (23/25)** M mit Nadeln Nr. 3,5 anschlagen. 16 R kraus rechts stricken.

2.) Glatt rechts mit Nadeln Nr. 4 weiterstricken.

3.) Bei **6 (7/8)** cm Gesamthöhe die M stilllegen.

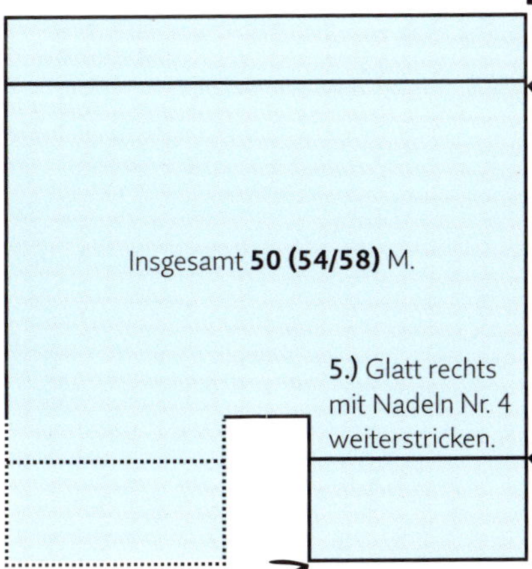

Das zweite Bein stricken.

4.) **21 (23/25)** M mit Nadeln Nr. 3,5 anschlagen. 16 R kraus rechts stricken.

5.) Glatt rechts mit Nadeln Nr. 4 weiterstricken.

6.) Bei **6 (7/8)** cm Gesamthöhe **21 (23/25)** M stricken, 8 M für den Zwickel aufnehmen und die stillgelegten **21 (23/25)** M des 1. Beins weiterstricken.

Insgesamt **50 (54/58)** M.

7.) Ab **21 (27/33)** cm Gesamthöhe alle M kraus rechts mit Nadeln Nr. 3,5 weiterstricken.

8.) Bei **24 (30/36)** cm Gesamthöhe die M abketten.

TRÄGER
2-MAL STRICKEN

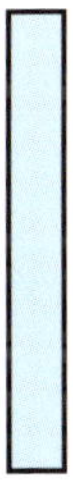

1.) 5 M mit Nadeln Nr. 3,5 anschlagen. Kraus rechts stricken.

2.) Bei **26 (28/31)** cm Gesamthöhe die M abketten.

Anleitung kurze Latzhose

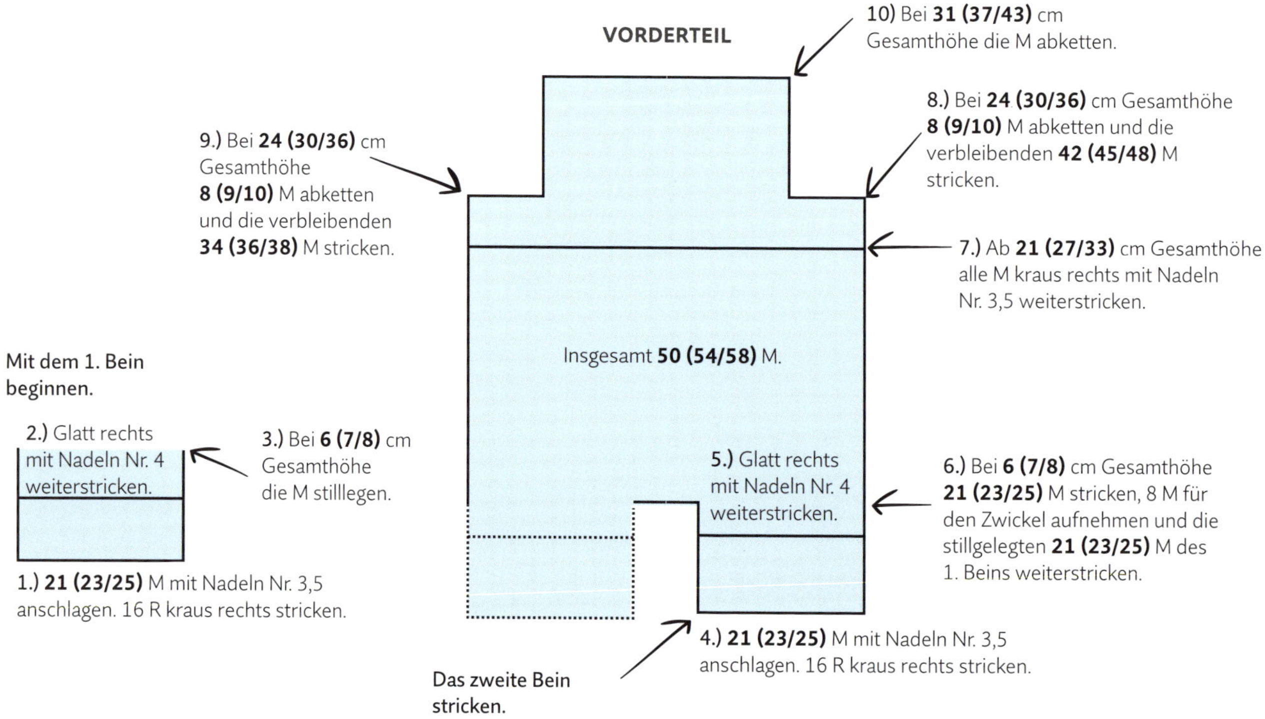

Zusammenfügen und fertigstellen

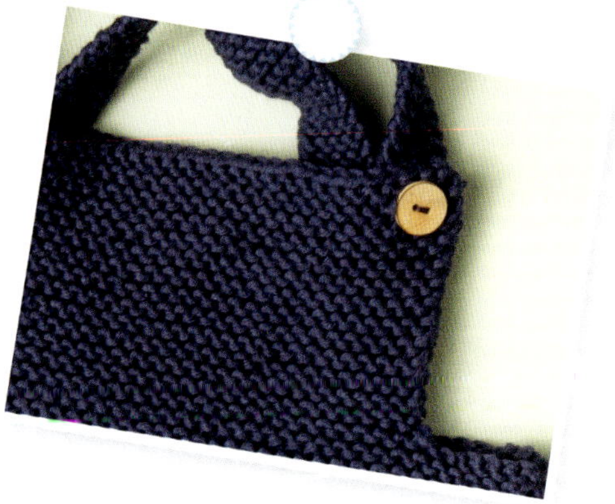

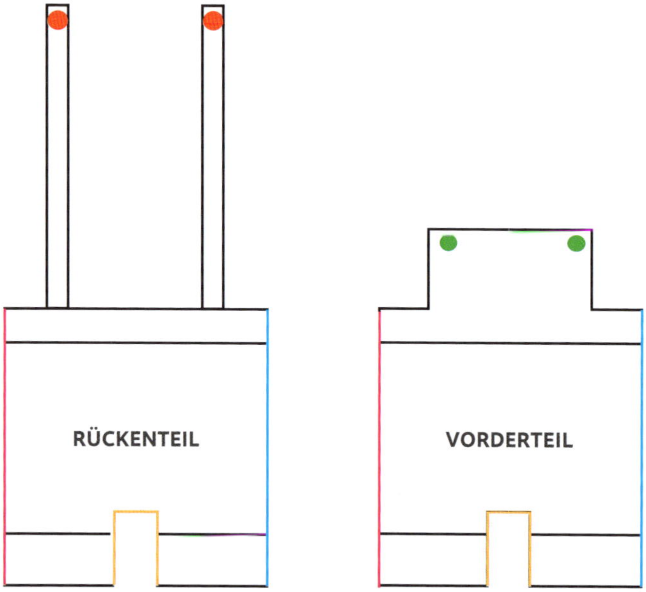

- Die Seitennähte schließen.
- Den Schritt schließen.
- Die Träger an das Rückenteil annähen.
- Einen Knopf an jeden Träger annähen.
- Jeweils 1 Knopfloch oben links und rechts am Latz durch Auseinanderschieben der Maschen bilden und mit ein paar Stichen fixieren.

15. Pullover

Größen

3 Monate (6 Monate / 12 Monate)

Die Anleitung ist in 3 Größen verfasst. Die am Anfang des Projekts angegebene Reihenfolge der Größen entspricht der Ziffernfolge in den Schnittmustern. Nebeneinander angeordnete Ziffern geben die Maschenzahl an, untereinander stehende sind Zentimeterangaben.
Beispiel: Für die Größe 6 Monate müssen Sie sich in Anleitung und Schnittmuster an die erste Ziffer in der Klammer halten und bei den senkrecht neben den Schnittmustern stehenden Ziffern an die mittlere.

Material

◊ Phildar Phil Charly (100 % Polyacryl):
3 (4/5) Knäuel in Schiefergrau
◊ Stricknadeln Nr. 4
◊ 4 Knöpfe

Strickmuster

◊ **Kraus rechts**
1. Reihe (Hinreihe): alle M rechts stricken.
2. Reihe (Rückreihe): alle M rechts stricken.
Diese 2 Reihen immer wiederholen.

◊ **Glatt rechts**
1. Reihe (Hinreihe): alle M rechts stricken.
2. Reihe (Rückreihe): alle M links stricken.
Diese 2 Reihen immer wiederholen.

◊ **Krausrippen**
1. Reihe (Hinreihe): alle M rechts stricken.
2. Reihe (Rückreihe): alle M links stricken.
3. und 4. Reihe: alle M rechts stricken.
Diese 4 Reihen immer wiederholen.

Maschenprobe

Stellen Sie durch das Anfertigen einer Maschenprobe sicher, dass die Größe Ihrer Arbeit mit der Anleitung übereinstimmt.
Krausrippen mit Nadeln Nr. 4:
10 cm = 20 M und 31 R.

Schnittmuster

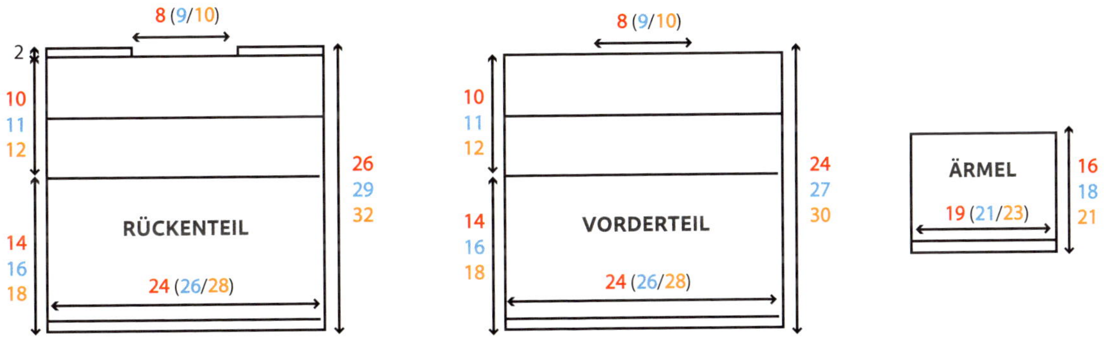

Anleitung Pullover

RÜCKENTEIL

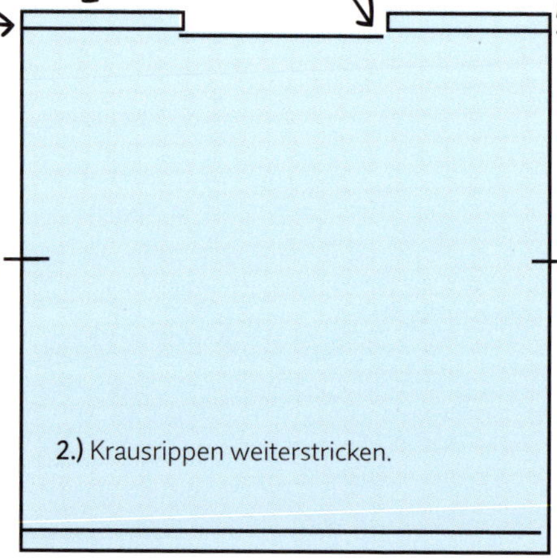

1.) **50 (54/58)** M mit Nadeln Nr. 4 anschlagen. 4 R kraus rechts stricken.

3.) Bei **14 (16/18)** cm Gesamthöhe die Randmasche mit einem bunten Faden für das Ärmelloch markieren.

4.) Bei **14 (16/18)** cm Gesamthöhe die Randmasche mit einem bunten Faden für das Ärmelloch markieren.

5.) Bei **24 (27/30)** cm Gesamthöhe **17 (18/19)** M stricken, die folgenden **16 (18/20)** M für den Halsausschnitt abketten und die verbleibenden **17 (18/19)** M stricken.

6.) Die M der linken Seite für die Knopfleiste weiterstricken.

7.) Bei **26 (29/32)** cm Gesamthöhe die M abketten.

8.) Die **17 (18/19)** M der rechten Seite für die Knopfleiste weiterstricken.

9.) Bei **26 (29/32)** cm Gesamthöhe die M abketten.

ÄRMEL
2-MAL STRICKEN

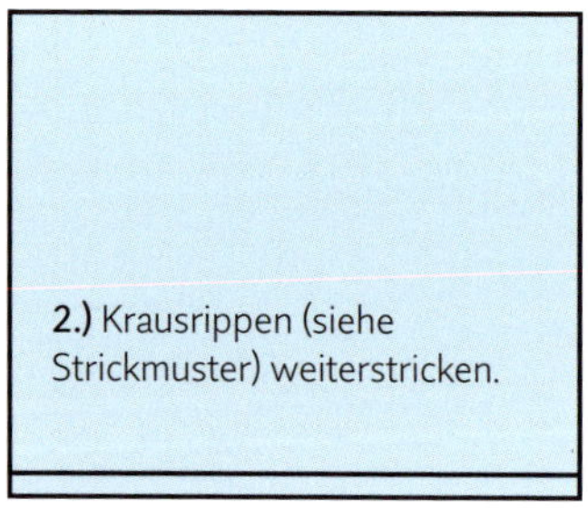

1.) **40 (44/48)** M mit Nadeln Nr. 4 anschlagen, 4 R kraus rechts stricken.

3.) Bei **16 (18/21)** cm Gesamthöhe die M abketten.

VORDERTEIL

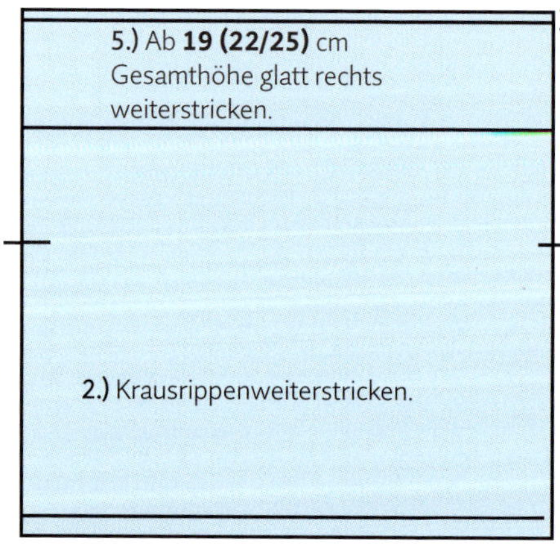

1.) **50 (54/58)** M mit Nadeln Nr. 4 anschlagen. 4 R kraus rechts stricken.

3.) Bei **14 (16/18)** cm Gesamthöhe die Randmasche mit einem bunten Faden für das Ärmelloch markieren.

4.) Bei **14 (16/18)** cm Gesamthöhe die Randmasche mit einem bunten Faden für das Ärmelloch markieren.

6.) Bei **23 (26/29)** cm Gesamthöhe 2 R kraus rechts stricken.

7.) Bei **24 (27/30)** cm Gesamthöhe die M abketten.

Zusammenfügen und fertigstellen

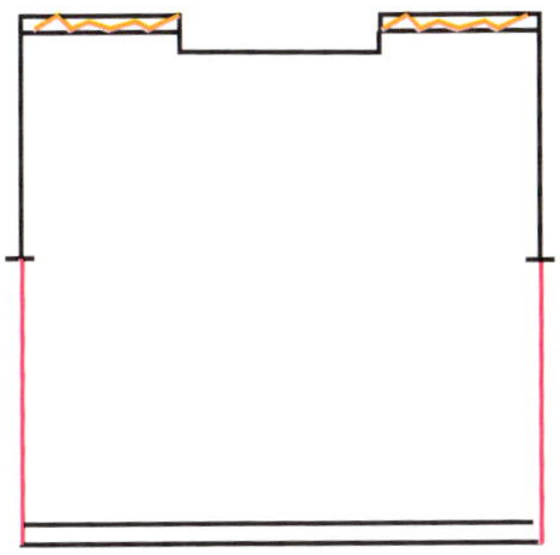

RÜCKENTEIL

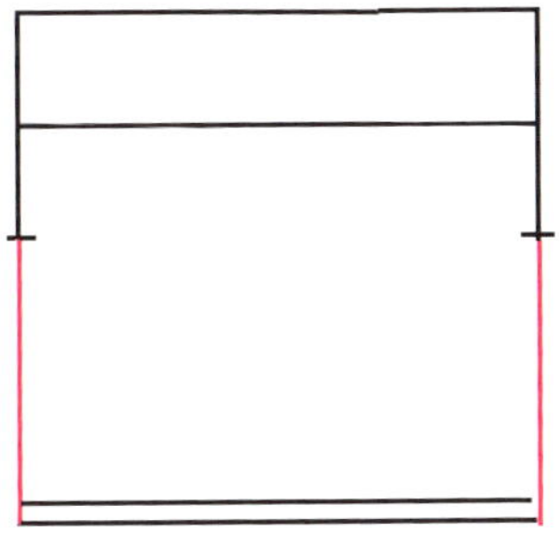

VORDERTEIL

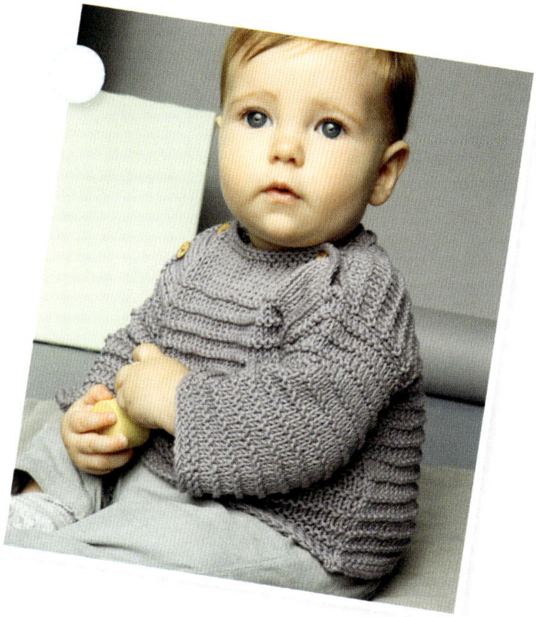

— Die Seitennähte schließen.

^^ Die Knopfleisten nach innen umschlagen und feststecken.

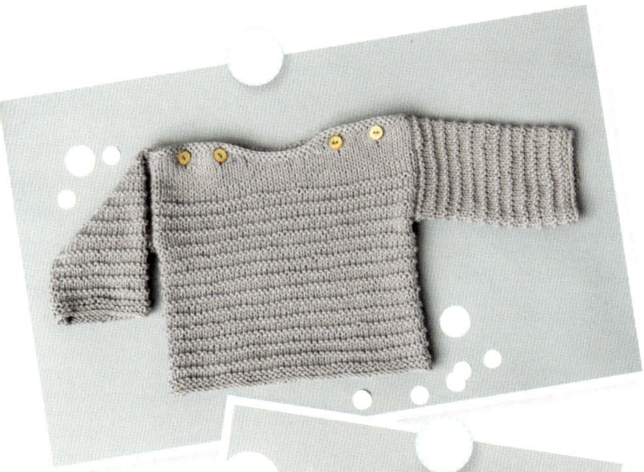

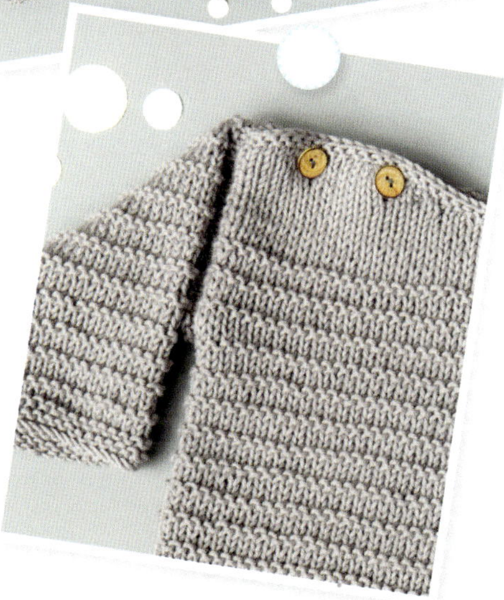

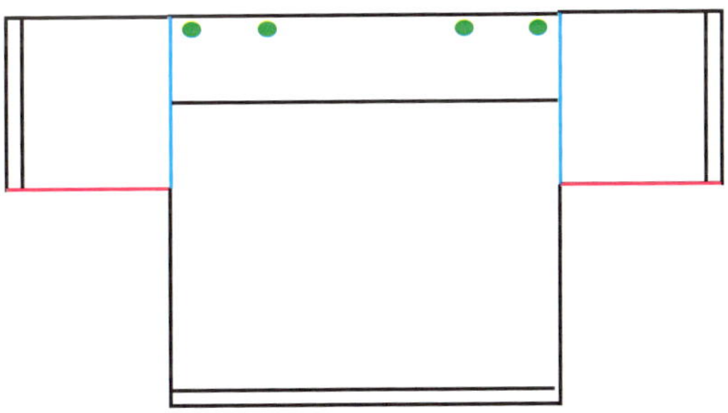

VORDERTEIL

— Die Ärmel in die Ärmellöcher einsetzen.

— Die Ärmelnähte schließen.

● 2 Knopflöcher durch Auseinanderschieben der Maschen an den Schultern des Vorderteils bilden und mit ein paar Stichen fixieren. Die Knöpfe gegenüber am Rückenteil annähen.

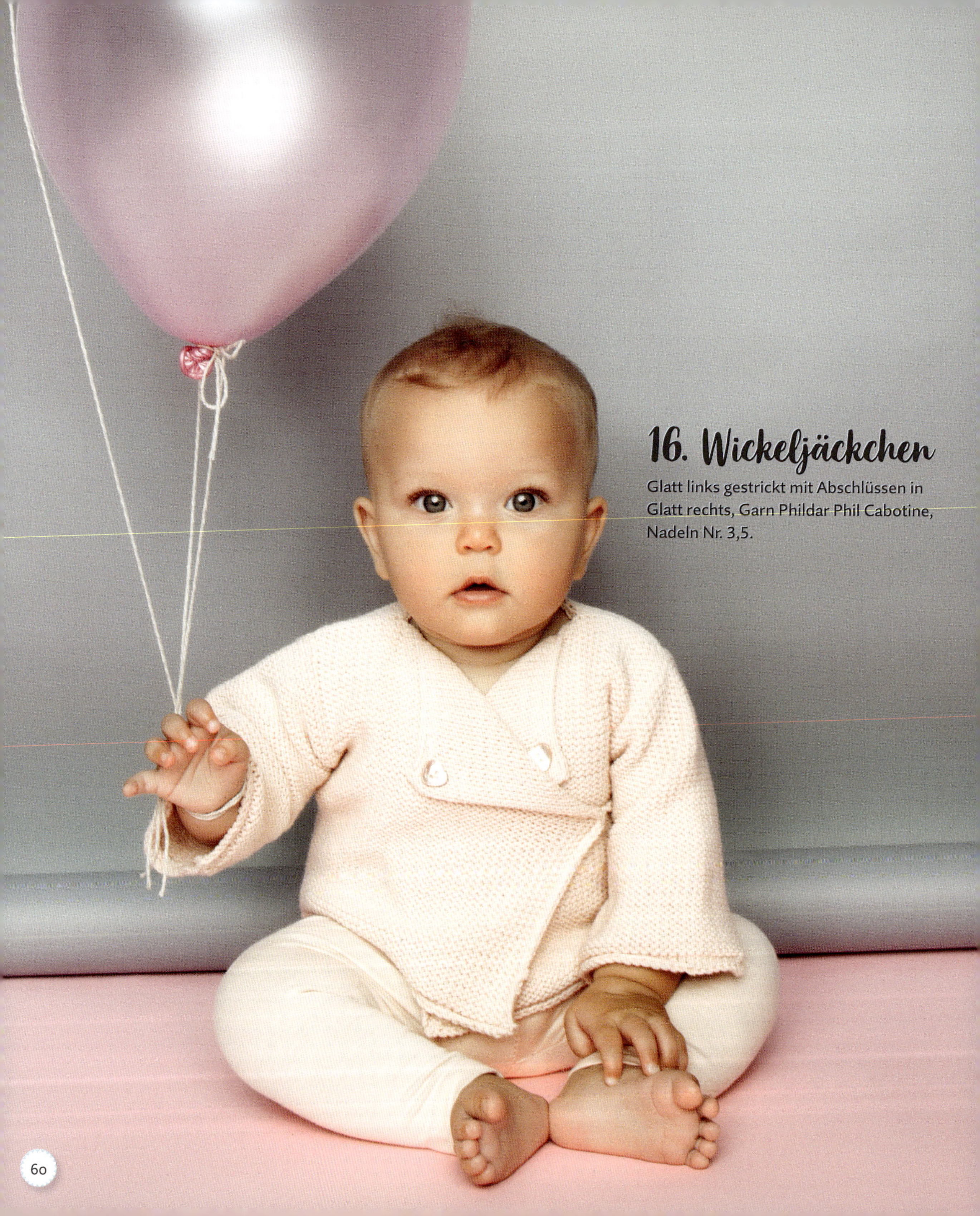

16. Wickeljäckchen

Glatt links gestrickt mit Abschlüssen in Glatt rechts, Garn Phildar Phil Cabotine, Nadeln Nr. 3,5.

16. Wickeljäckchen

Größen

3 Monate (6 Monate / 12 Monate)

Die Anleitung ist in 3 Größen verfasst. Die am Anfang des Projekts angegebene Reihenfolge der Größen entspricht der Ziffernfolge in den Schnittmustern. Nebeneinander angeordnete Ziffern geben die Maschenzahl an, untereinander stehende sind Zentimeterangaben.
Beispiel: Für die Größe 6 Monate müssen Sie sich in Anleitung und Schnittmuster an die erste Ziffer in der Klammer halten und bei den senkrecht neben den Schnittmustern stehenden Ziffern an die mittlere.

Material

- Phildar Phil Cabotine (55 % Baumwolle und 45 % Polyacryl): **3 (3/4)** Knäuel in Zartrosa
- Stricknadeln Nr. 3,5
- 2 Knöpfe

Strickmuster

- **Glatt rechts**
  1. Reihe (Hinreihe): alle M rechts stricken .
  2. Reihe (Rückreihe): alle M links stricken.
  Diese 2 Reihen immer wiederholen.
- **Glatt links**
  1. Reihe (Hinreihe): alle M links stricken.
  2. Reihe (Rückreihe): alle M rechts stricken.
  Diese 2 Reihen immer wiederholen.

Maschenprobe

Stellen Sie durch das Anfertigen einer Maschenprobe sicher, dass die Größe Ihrer Arbeit mit der Anleitung übereinstimmt.
Glatt rechts oder glatt links mit Nadeln Nr. 3,5:
10 cm = 21 M und 30 R.

Schnittmuster

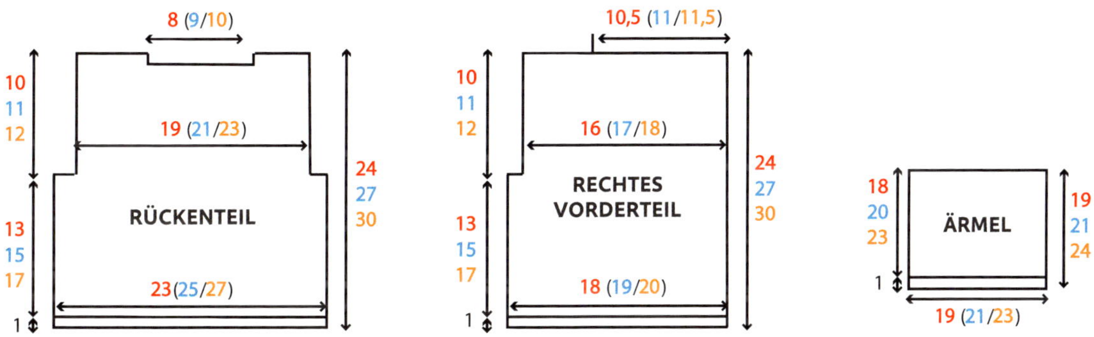

Anleitung Wickeljäckchen

RÜCKENTEIL

1.) **50 (54/58)** M mit Nadeln Nr. 3,5 anschlagen. 3 R glatt rechts stricken.

2.) Glatt links weiterstricken.

3.) Bei **14 (16/18)** cm Gesamthöhe 4 M für das Ärmelloch abketten.

4.) Bei **14 (16/18)** cm Gesamthöhe 4 M für das Ärmelloch abketten.

Es bleiben **42 (46/50)** M stehen.

5.) Bei **23 (26/29)** cm Gesamthöhe **13 (14/15)** M stricken, die folgenden **16 (18/20)** M für den Halsausschnitt abketten und die verbleibenden **13 (14/15)** M stricken.

6.) Die M der linken Seite weiterstricken.

7.) Bei **24 (27/30)** cm Gesamthöhe die M für die Schulter abketten.

8.) Die **13 (14/15)** M der rechten Seite glatt links weiterstricken.

9.) Bei **24 (27/30)** cm Gesamthöhe die M für die Schulter abketten.

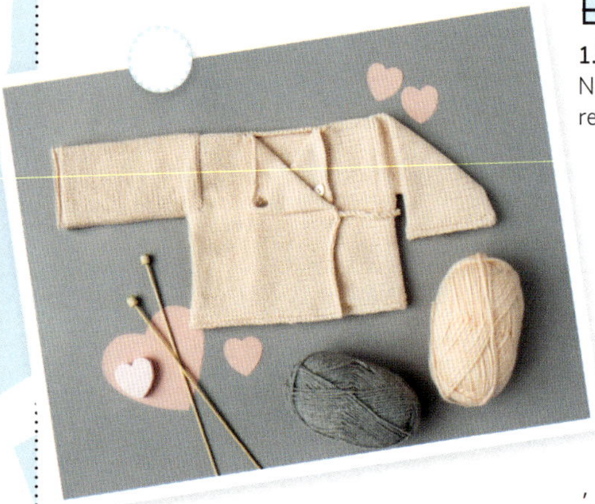

ÄRMEL
2-MAL STRICKEN

1.) **42 (46/50)** M mit Nadeln Nr. 3,5 anschlagen. 3 R glatt rechts stricken.

2.) Glatt links weiterstricken.

3.) Bei **19 (21/24)** cm Gesamthöhe d M abketten.

RECHTES VORDERTEIL

1.) **40 (42/44)** M mit Nadeln Nr. 3,5 anschlagen. 3 R glatt rechts stricken.

2.) Glatt links weiterstricken.

3.) Bei **14 (16/18)** cm Gesamthöhe 4 M für das Ärmelloch abketten.

Es bleiben **36 (38/40)** M stehen

4.) Bei **24 (27/30)** cm Gesamthöhe die M abketten.

LINKES VORDERTEIL

1.) **40 (42/44)** M mit Nadeln Nr. 3,5 anschlagen. 3 R glatt rechts stricken.

2.) Glatt links weiterstricken.

3.) Bei **14 (16/18)** cm Gesamthöhe 4 M für das Ärmelloch abketten.

Es bleiben **36 (38/40)** M stehen.

4.) Bei **24 (27/30)** cm Gesamthöhe die M abketten.

Zusammenfügen und fertigstellen

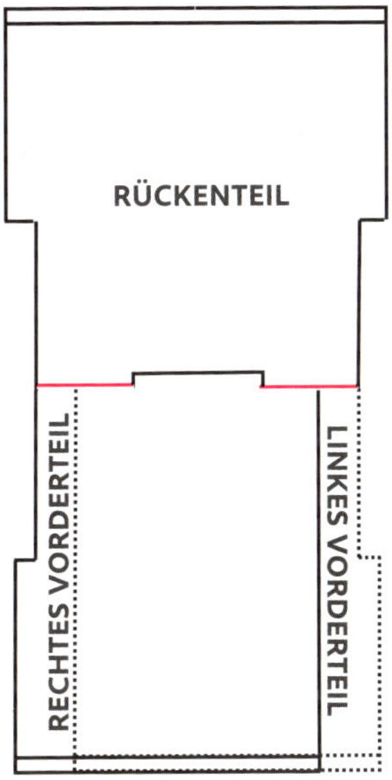

— Die Schulternähte schließen.

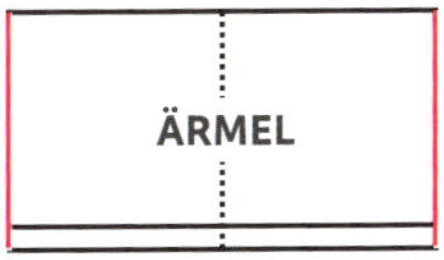

······ Die Ärmel in der Mitte falten.

— Die Ärmelnähte schließen.

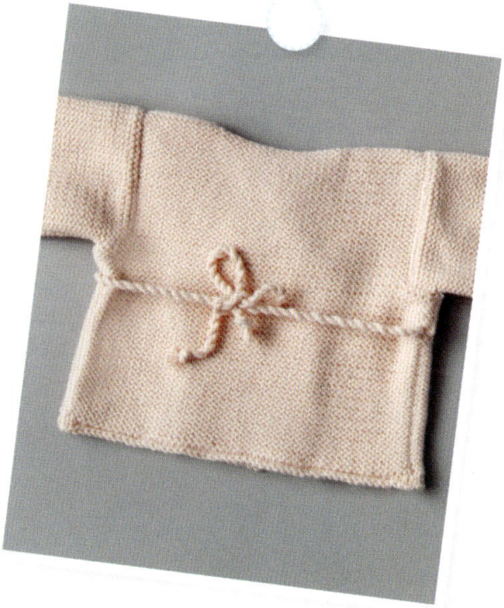

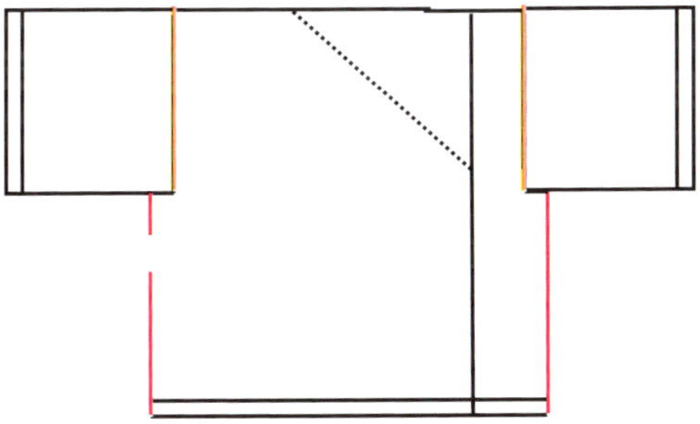

— Die Ärmel in die Ärmellöcher einsetzen.

— Die Seitennähte schließen, dabei 2 cm unter dem rechten Armausschnitt eine Öffnung für das Bindeband lassen.

······ Am Halsausschnitt der Vorderteile die Ecken für den Kragen umschlagen.

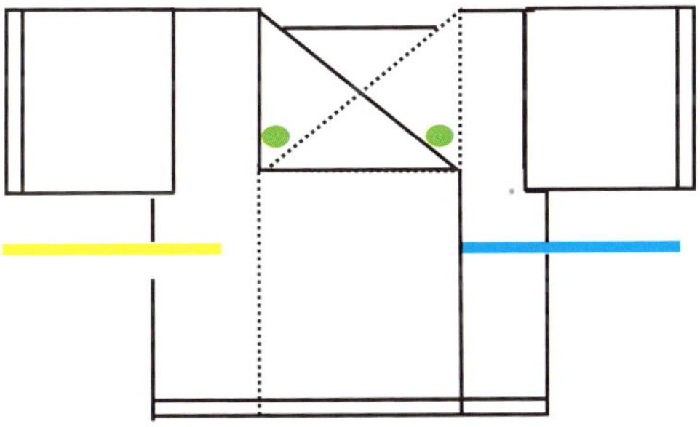

- Zum Befestigen des Kragens an den beiden Ecken jeweils einen Knopf annähen.
- Eine Kordel aus 4 Fäden herstellen, bei ungefähr **22 (27/32)** cm in der Mitte falten und am rechten Vorderteil befestigen.
- Eine Kordel aus 4 Fäden herstellen, bei ungefähr **42 (47/52)** cm in der Mitte falten und am linken Vorderteil befestigen.

17. Schlafsack

Glatt rechts und kraus rechts gestrickt, Garn Phildar Phil Frimas und Phil Partner 6, Nadeln Nr. 6.

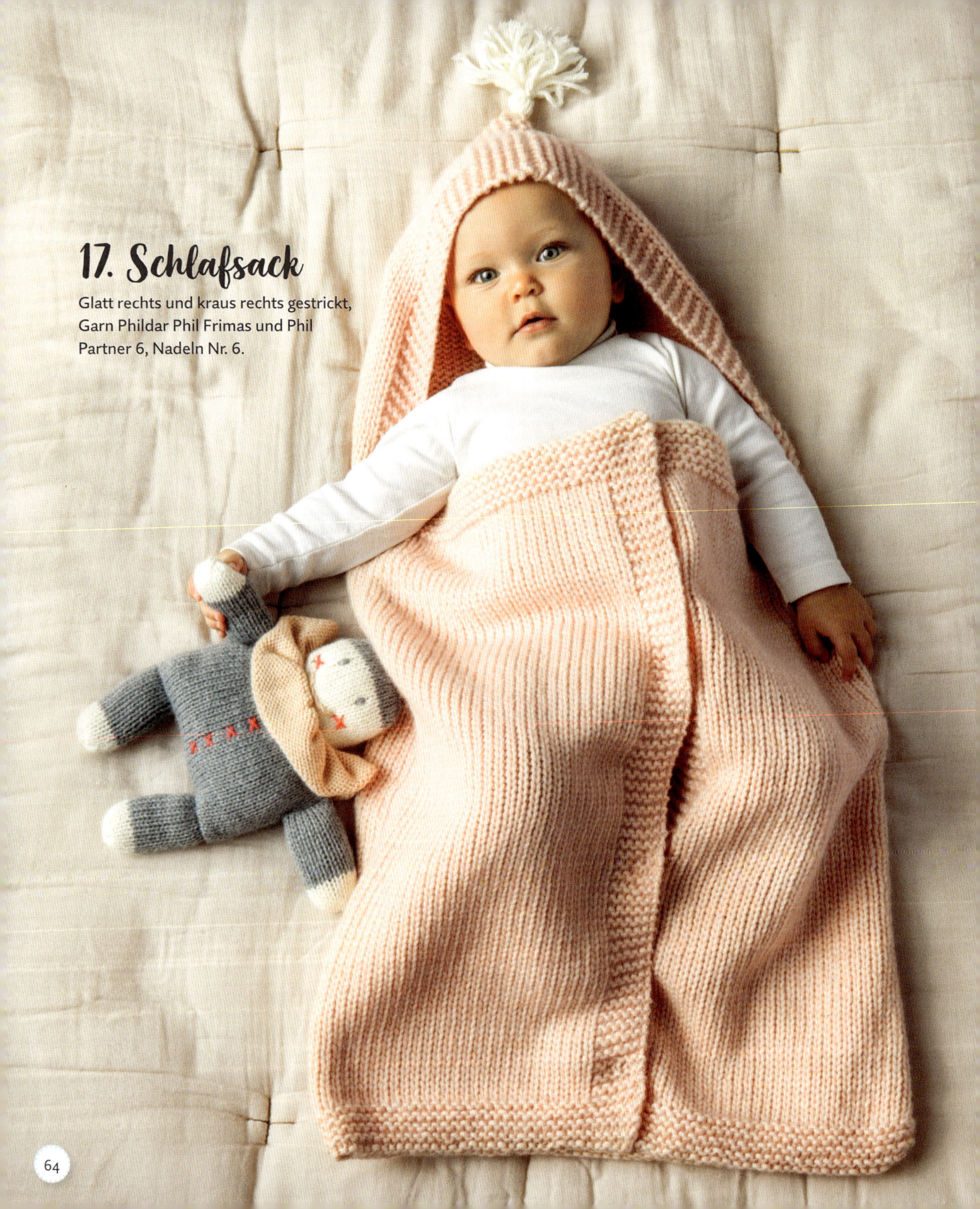

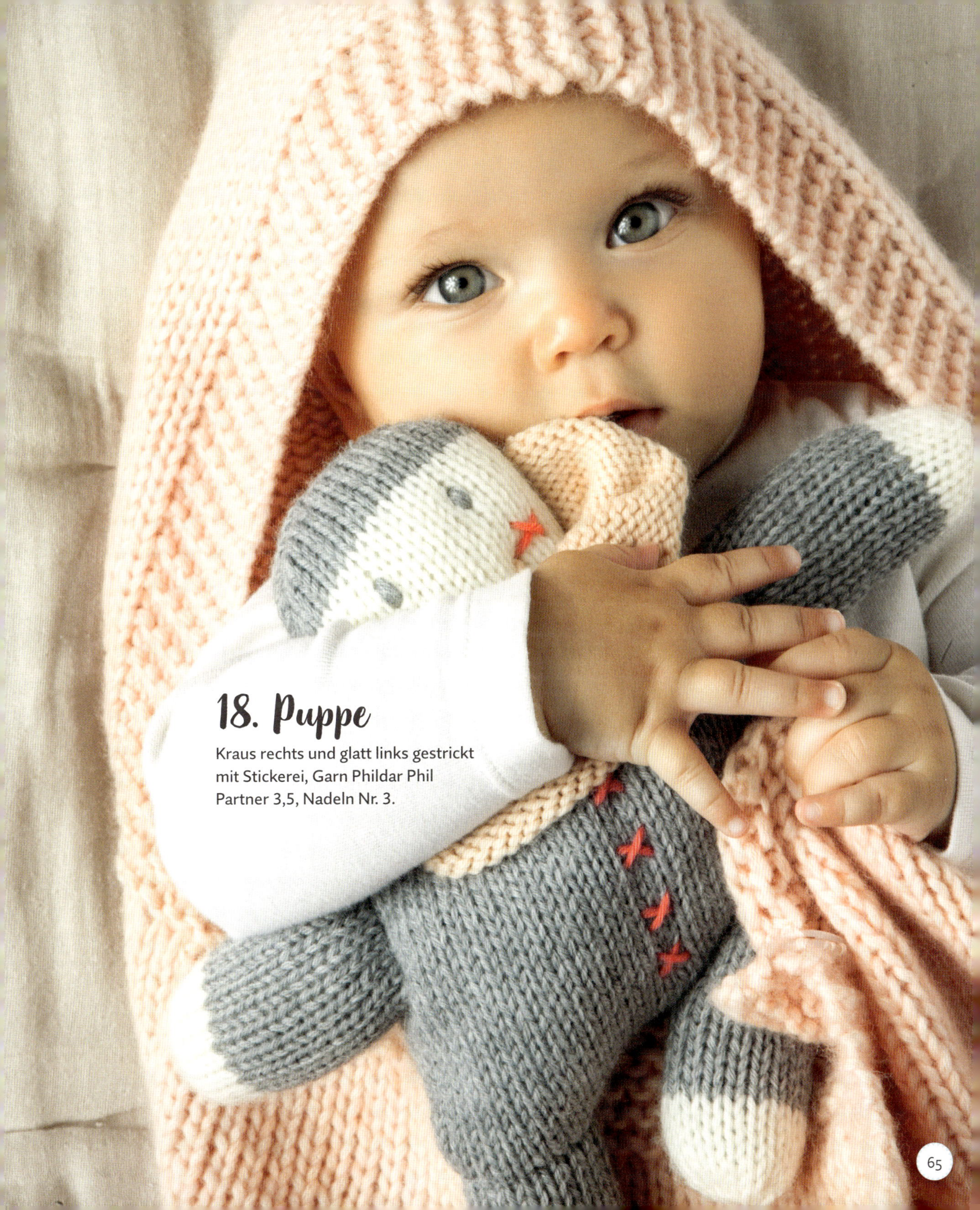

18. Puppe

Kraus rechts und glatt links gestrickt mit Stickerei, Garn Phildar Phil Partner 3,5, Nadeln Nr. 3.

17. Schlafsack

Einheitsgröße

Material

◊ Phildar Phil Frimas (50 % Wolle und 50 % Baumwolle): 7 Knäuel in Rosa
◊ Phildar Phil Partner 6 (50 % Polyamid, 25 % Wolle und 25 % Polyacryl): 1 Knäuel in Wollweiß
◊ Stricknadeln Nr. 6
◊ 4 Druckknöpfe (Durchmesser: 21 mm)

Strickmuster

◊ **Kraus rechts**

1. Reihe (Hinreihe): alle M rechts stricken .
2. Reihe (Rückreihe): alle M rechts stricken.
Diese 2 Reihen immer wiederholen.

◊ **Glatt rechts**

1. Reihe (Hinreihe): alle M rechts stricken.
2. Reihe (Rückreihe): alle M links stricken.
Diese 2 Reihen immer wiederholen.

Maschenprobe

Stellen Sie durch das Anfertigen einer Maschenprobe sicher, dass die Größe Ihrer Arbeit mit der Anleitung übereinstimmt.
Glatt rechts mit Nadeln Nr. 6:
20 cm = 29 M und 10 cm = 22 R.

Schnittmuster

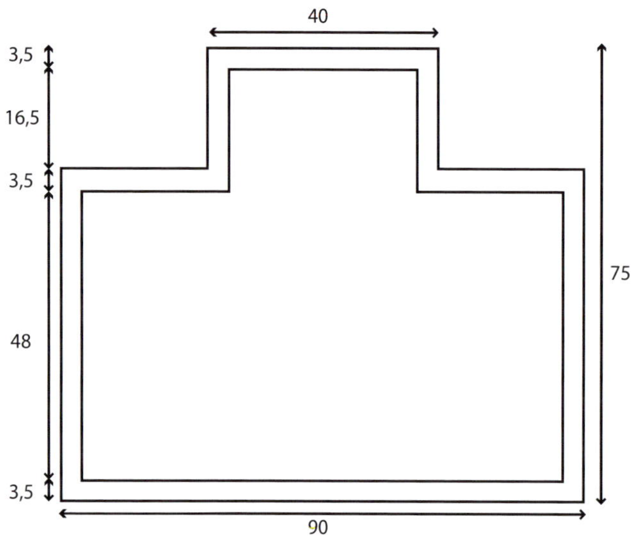

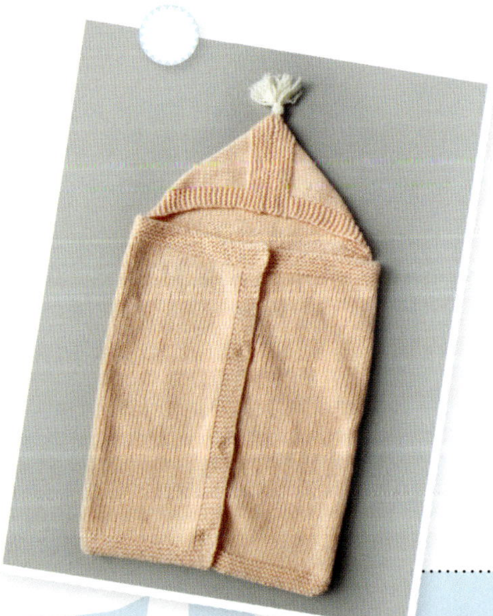

Anleitung

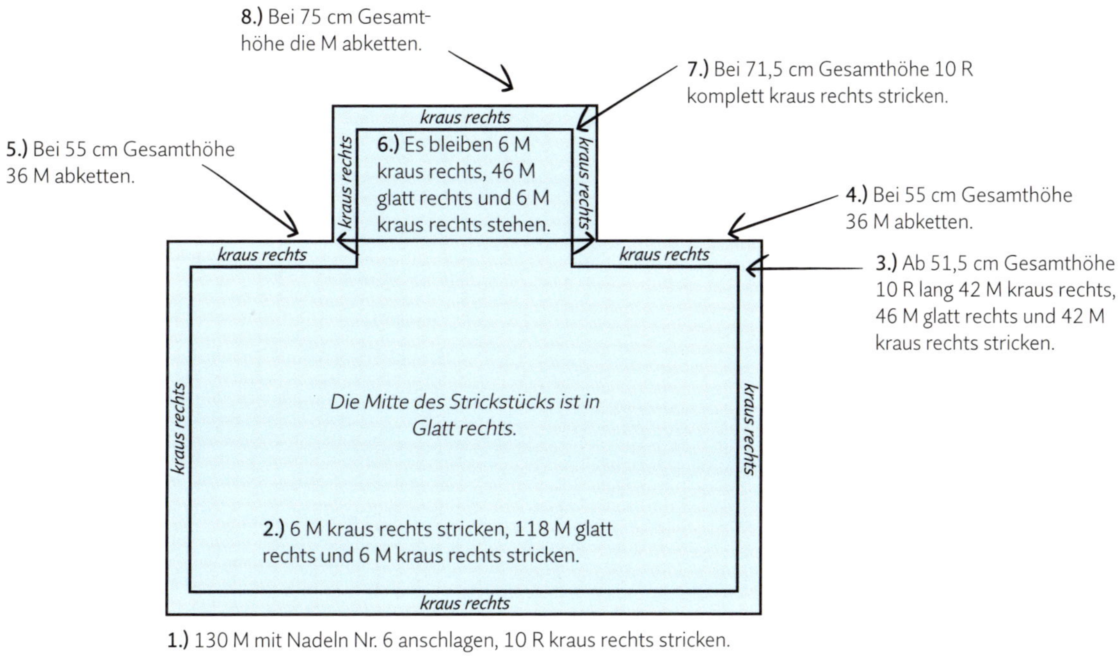

Zusammenfügen und fertigstellen

······ Den Schlafsack entlang der gestrichelten Linien falten – zuerst die innen liegende, dann die außen liegende Seite einklappen.

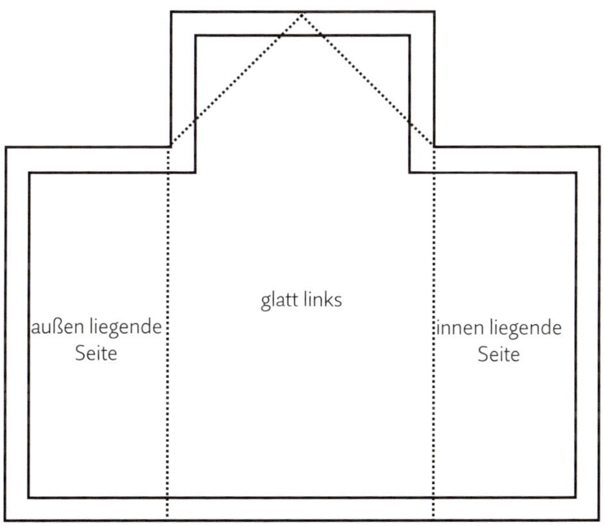

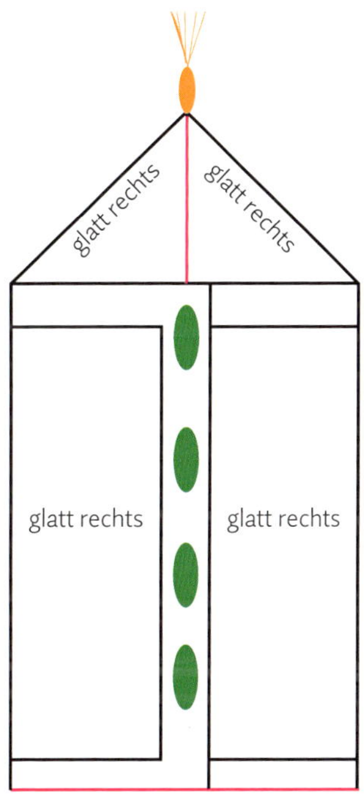

Den Schlafsack unten mit Rückstich schließen. Die Kapuzennaht schließen.

Die Druckknöpfe annähen.

Einen Quaste in Wollweiß herstellen und an der Kapuze befestigen. Hierzu ein 7 cm großes Stück Pappe nehmen und einen Faden 30-mal herumwickeln. Das Fadenbündel von der Pappe ziehen, durch Umwickeln fixieren und die Schlaufen aufschneiden.

18. Puppe

Größe

23 cm hoch

Material

- Philadar Phil Partner 3,5 (50 % Polyamid, 25 % Wolle und 25 % Polyacryl): 1 Knäuel in Grau; 1 Knäuel in Wollweiß; 1 Knäuel in Rosa; 1 Knäuel in Rot
- Strickadeln Nr. 3
- Füllwatte

Strickmuster

- **Glatt rechts**

  1. Reihe (Hinreihe): alle M rechts stricken.
  2. Reihe (Rückreihe): alle M links stricken.
  Diese 2 Reihen immer wiederholen.
- **Glatt links**

  1. Reihe (Hinreihe): alle M links stricken.
  2. Reihe (Rückreihe): alle M rechts stricken.
  Diese 2 Reihen immer wiederholen.

Außerdem: Stickerei in Steppstich, Stilstich und Kreuzstich.

Anleitung

ARM UND BEIN
4-MAL STRICKEN

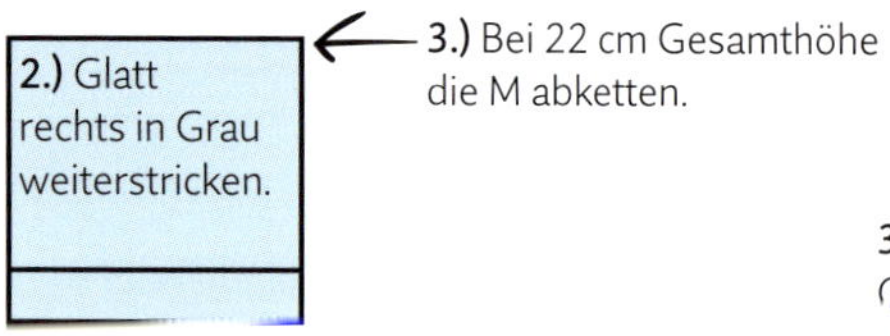

1.) 20 M in Wollweiß mit Nadeln Nr. 3 anschlagen. 6 R glatt rechts stricken.

KÖRPER UND KOPF
2-MAL STRICKEN

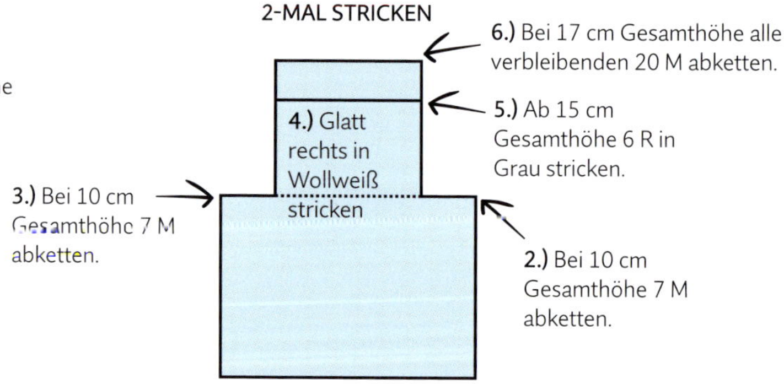

1.) 34 M in Grau mit Nadeln Nr. 3 anschlagen. Glatt rechts. stricken.

KRAGEN

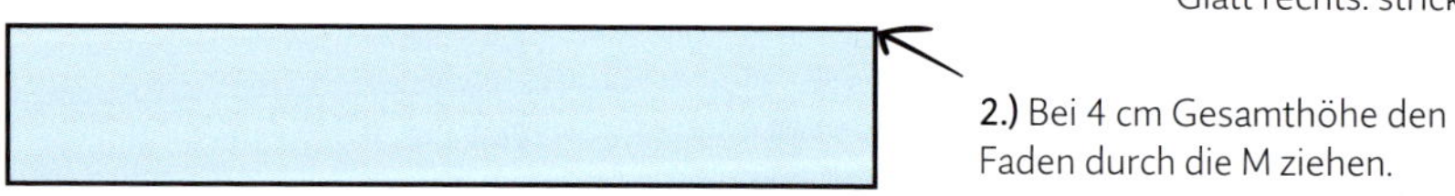

1.) 100 M in Rosa mit Nadeln Nr. 3 anschlagen. Glatt links stricken.

Zusammenfügen und fertigstellen

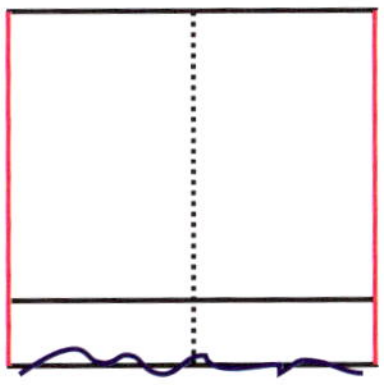

Das Bein in der Mitte falten.

Die Seitennähte schließen.

Einen Faden durch den Maschenanschlag führen und festziehen. Das Bein ausstopfen.

Genauso mit dem anderen Bein verfahren.

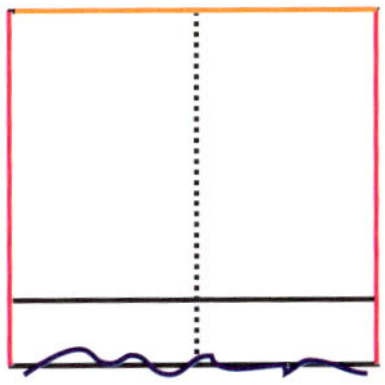

Den Arm in der Mitte falten.

Die Seitennähte schließen.

Einen Faden durch den Maschenanschlag führen und festziehen.

Den Arm mit einer feinen Naht schließen. Den Arm ausstopfen.

Genauso mit dem anderen Arm verfahren.

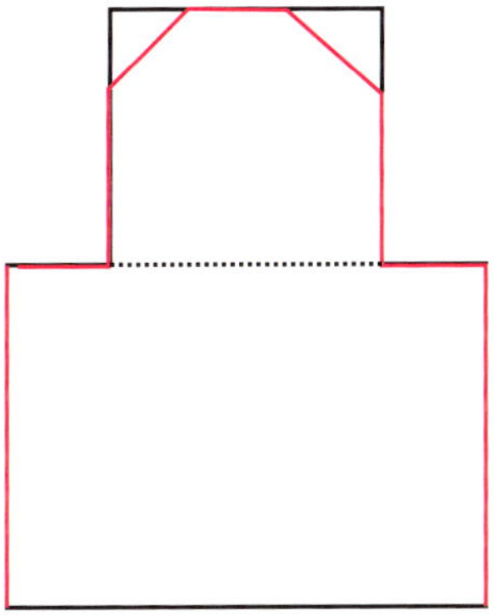

Den Körper zusammensetzen, dazu die Teile rechts auf rechts legen.

Die Seiten und Schulternnähte schließen.

Die Kopfnähte schräg schließen, damit der Kopf eine runde Form erhält.

Den Körper wenden und ausstopfen.

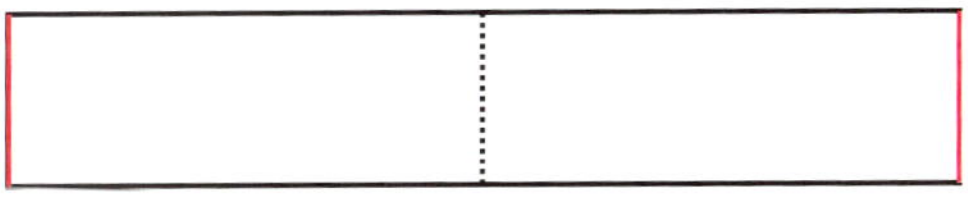

Das Kragenband in der Mitte falten.

Den Kragen mit einer unsichtbaren Naht schließen.

Das Kragenband um den Hals der Stoffpuppe legen und den Faden festzehen.

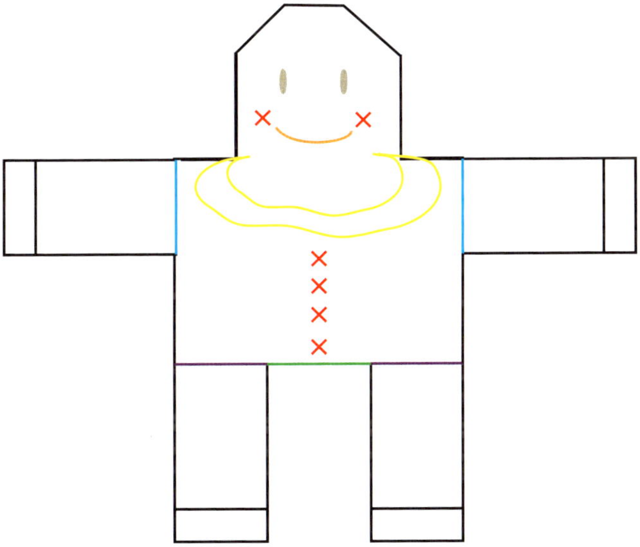

Die Augen in Grau mit Steppstich aufsticken.

Den Mund in Rosa mit Stielstich aufsticken.

Die Wangen und die Knöpfe in Rot mit Kreuzstich aufsticken.

Die Arme an beide Seiten des Körpers annähen.

Die Beine an beide Seiten des Körpers annähen.

Die Füllung gleichmäßig verteilen.

Den Schritt mit einer feinen Naht schließen.

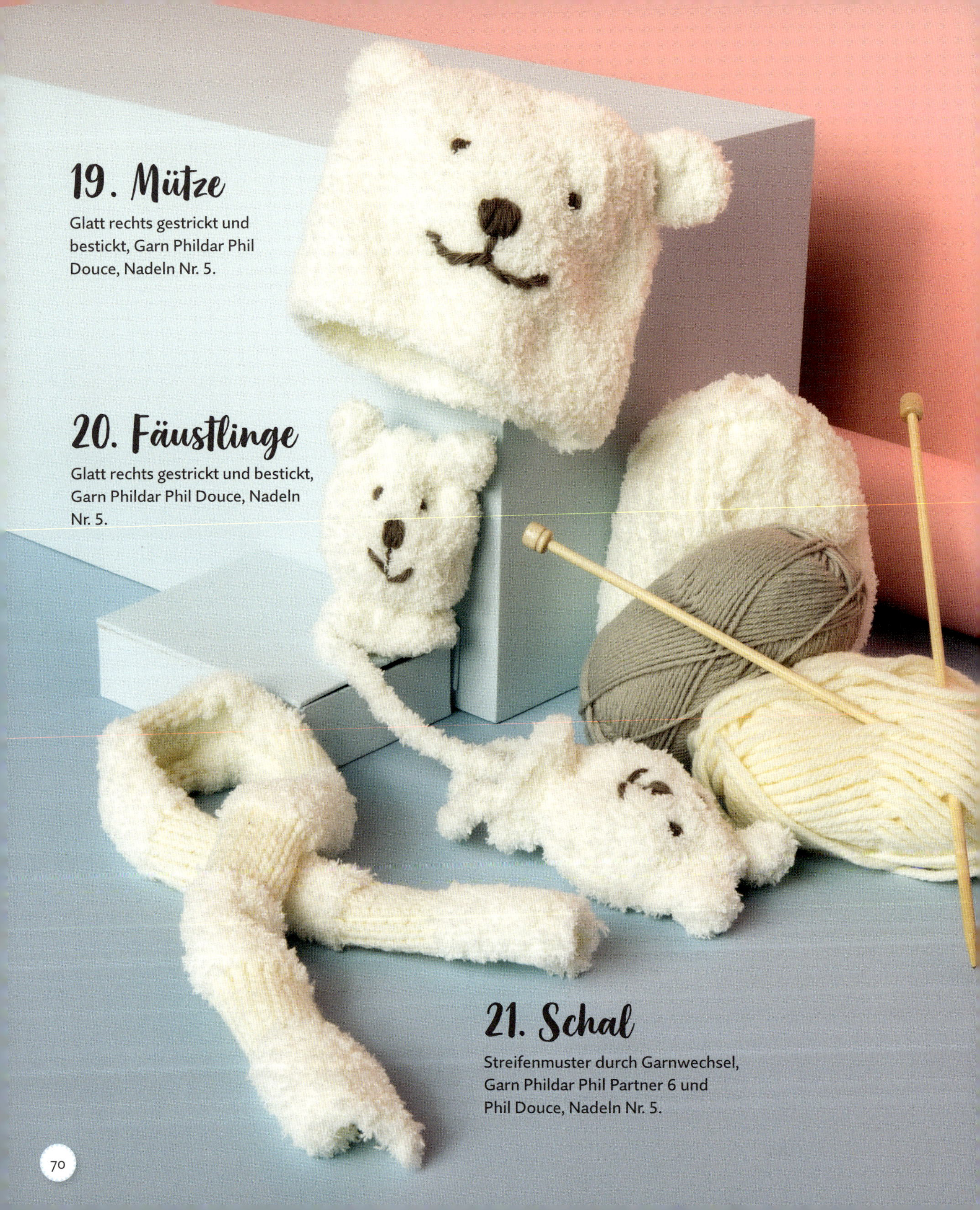

19. Mütze

Glatt rechts gestrickt und bestickt, Garn Phildar Phil Douce, Nadeln Nr. 5.

20. Fäustlinge

Glatt rechts gestrickt und bestickt, Garn Phildar Phil Douce, Nadeln Nr. 5.

21. Schal

Streifenmuster durch Garnwechsel, Garn Phildar Phil Partner 6 und Phil Douce, Nadeln Nr. 5.

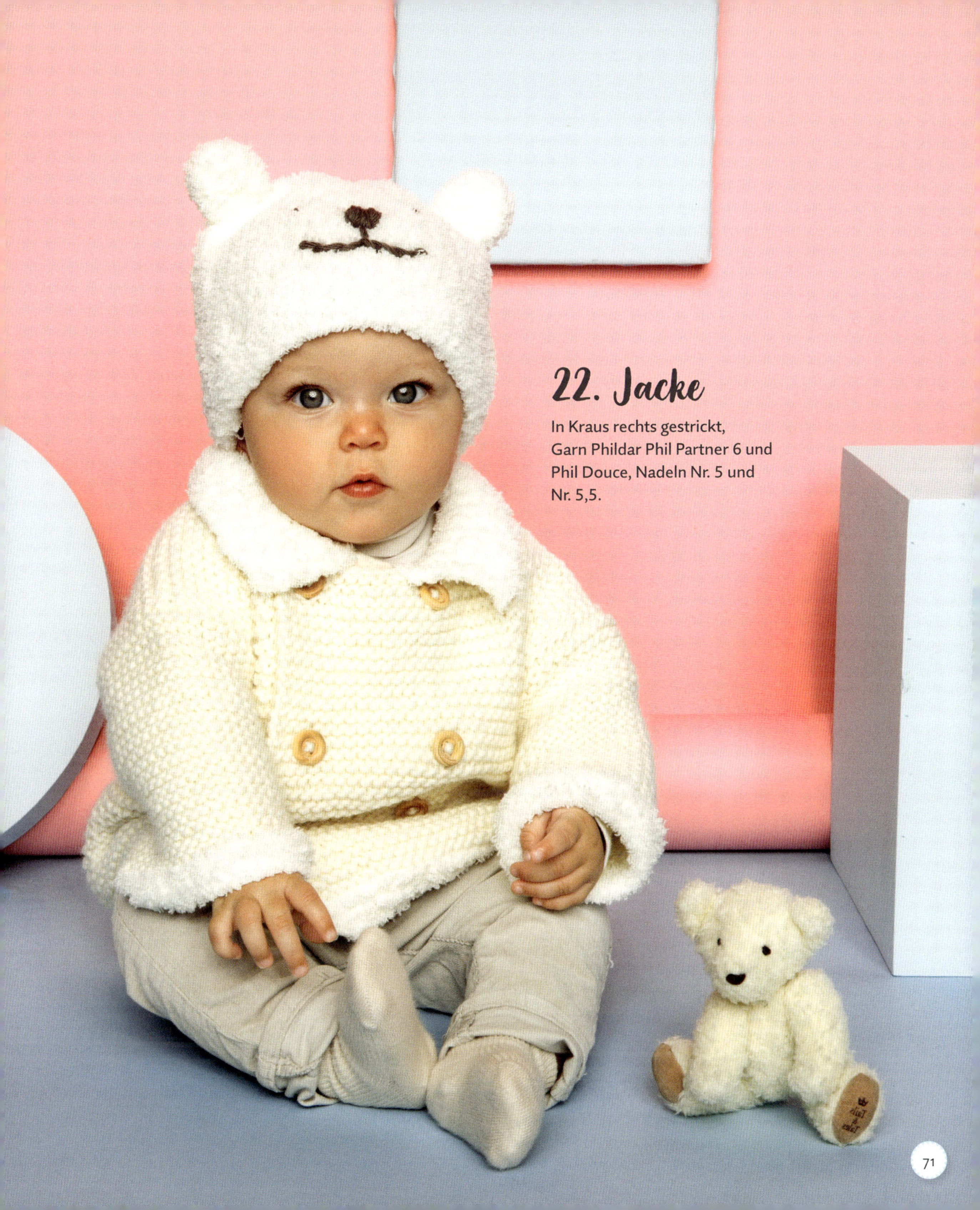

22. Jacke

In Kraus rechts gestrickt, Garn Phildar Phil Partner 6 und Phil Douce, Nadeln Nr. 5 und Nr. 5,5.

19. Mütze

Größen

3–6 Monate (12 Monate)

Die Anleitung ist in 2 Größen verfasst. Die am Anfang des Projekts angegebene Reihenfolge der Größen entspricht der Ziffernfolge in den Schnittmustern. Nebeneinander angeordnete Ziffern geben die Maschenzahl an, untereinander stehende sind Zentimeterangaben.
Beispiel: Für die Größe 3–6 Monate müssen Sie sich in Anleitung und Schnittmuster an die ersten Ziffern halten.

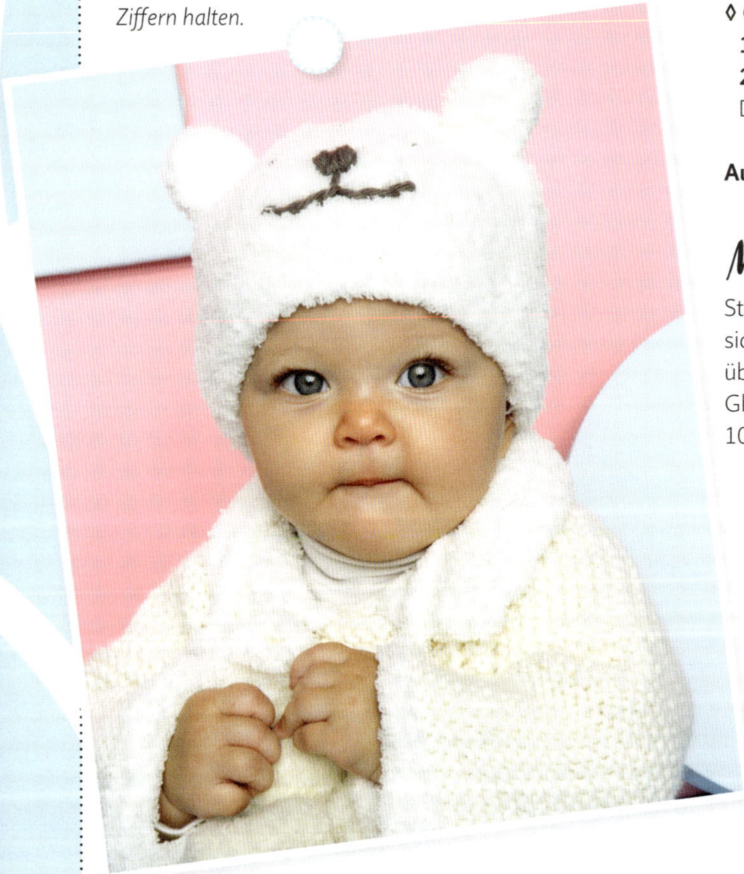

Material

- Phildar Phil Douce (100 % Polyester): **1 (1)** Knäuel in Wollweiß
- Phildar Phil Partner 6 (50 % Polyamid, 25 % Wolle und 25 % Polyacryl): **1 (1)** Knäuel in Braun
- Stricknadeln Nr. 5

Strickmuster

- **Glatt rechts**
  1. Reihe (Hinreihe): alle M rechts stricken.
  2. Reihe (Rückreihe): alle M links stricken.
  Diese 2 Reihen immer wiederholen.

Außerdem: Stickerei in Steppstich.

Maschenprobe

Stellen Sie durch das Anfertigen einer Maschenprobe sicher, dass die Größe Ihrer Arbeit mit der Anleitung übereinstimmt.
Glatt rechts mit Nadeln Nr. 5, Garn Phil Douce:
10 cm = 18 M und 20 R.

Schnittmuster

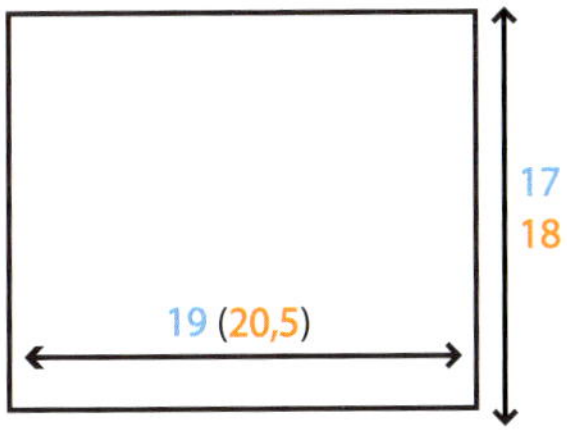

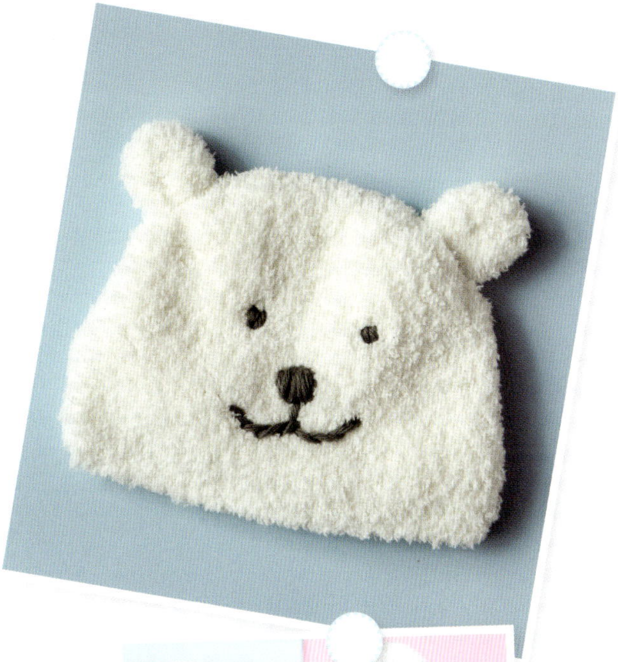

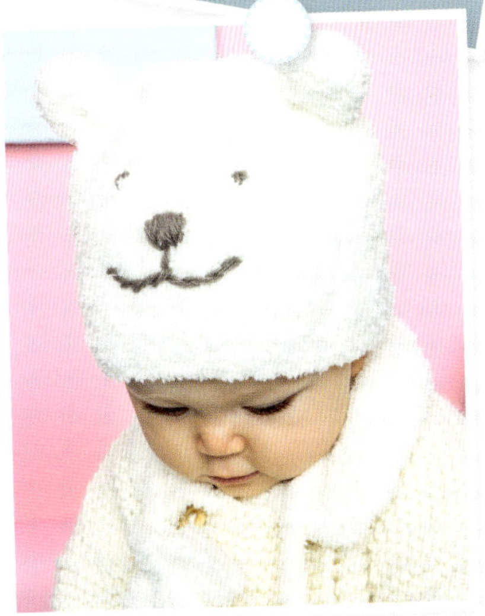

Anleitung

MÜTZE
2-MAL STRICKEN

2.) Bei **17 (18)** cm Gesamthöhe die M locker abketten.

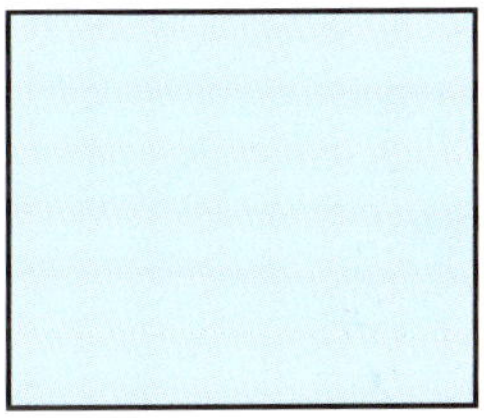

1.) **35 (39)** M mit Nadeln Nr. 5, Garn Phil Douce anschlagen. Glatt rechts stricken.

Zusammenfügen und fertigstellen

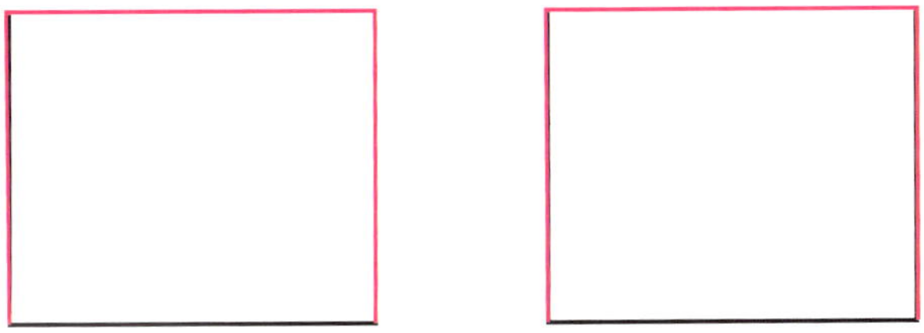

— Die Mütze an den Seitennähten und oben schließen.

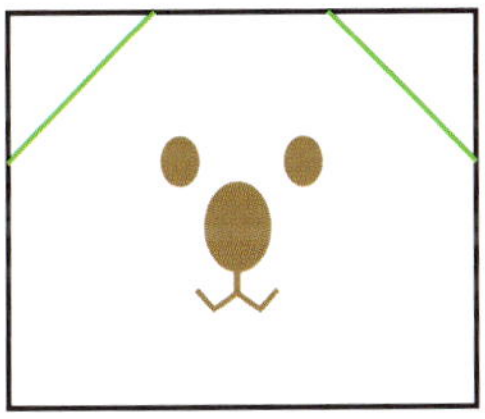

— Die Ohren mit Steppstichen abnähen und mit einem Faden umwickeln.

— Mit dem Garn in Braun die Augen, die Nase und den Mund in Steppstich aufsticken.

20. Fäustlinge

Größen

3–6 Monate (12 Monate)

Die Anleitung ist in 2 Größen verfasst. Die am Anfang des Projekts angegebene Reihenfolge der Größen entspricht der Ziffernfolge in den Schnittmustern. Nebeneinander angeordnete Ziffern geben die Maschenzahl an, untereinander stehende sind Zentimeterangaben.
Beispiel: Für die Größe 3–6 Monate müssen Sie sich in Anleitung und Schnittmuster an die ersten Ziffern halten.

Material

- Phildar Phil Douce (100 % Polyester): **1 (1)** Knäuel in Wollweiß
- Phildar Phil Partner 6 (50 % Polyamid, 25 % Wolle und 25 % Polyacryl): **1 (1)** Knäuel in Braun
- Stricknadeln Nr. 5
- Dünnes Gummiband

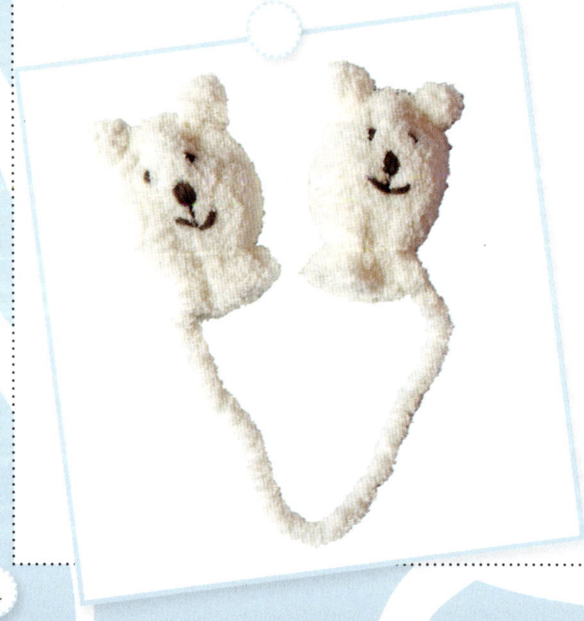

Strickmuster

- **Glatt rechts**
  1. Reihe (Hinreihe): alle M rechts stricken.
  2. Reihe (Rückreihe): alle M links stricken.
  Diese 2 Reihen immer wiederholen.

Außerdem: Stickerei in Steppstich.

Maschenprobe

Stellen Sie durch das Anfertigen einer Maschenprobe sicher, dass die Größe Ihrer Arbeit mit der Anleitung übereinstimmt.
Glatt rechts mit Nadeln Nr. 5, Garn Phil Douce:
10 cm = 18 M und 20 R.

Schnittmuster

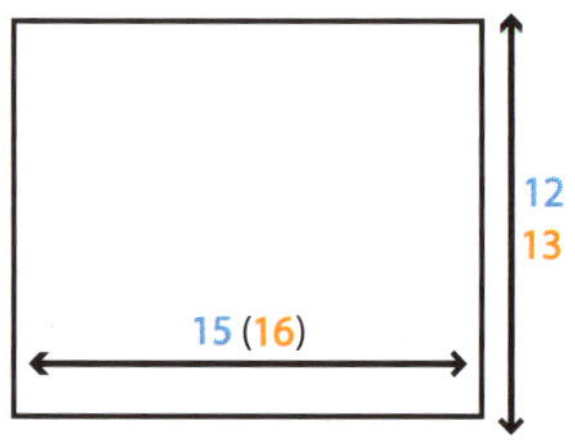

Anleitung

FÄUSTLINGE
2-MAL STRICKEN

2.) Bei **12 (13)** cm Gesamthöhe die M locker abketten.

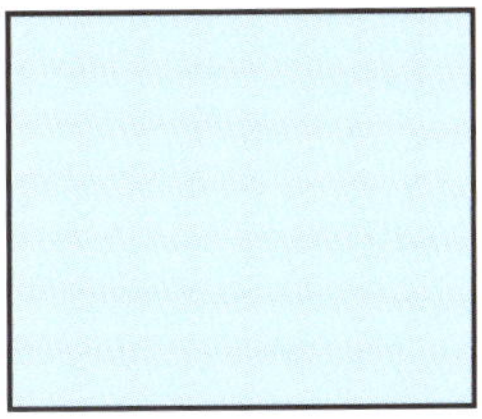

1.) **29 (31)** M mit Nadeln Nr. 5, Garn Phil Douce anschlagen. Glatt rechts stricken.

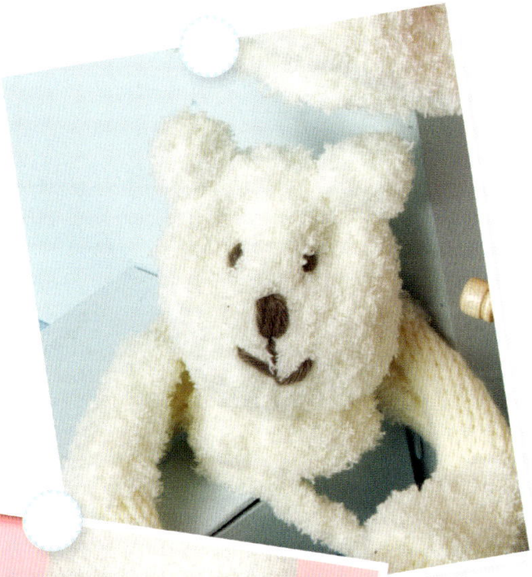

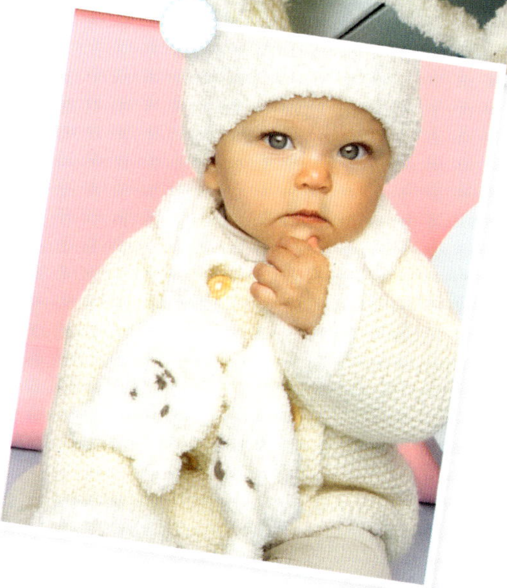

Zusammenfügen und fertigstellen

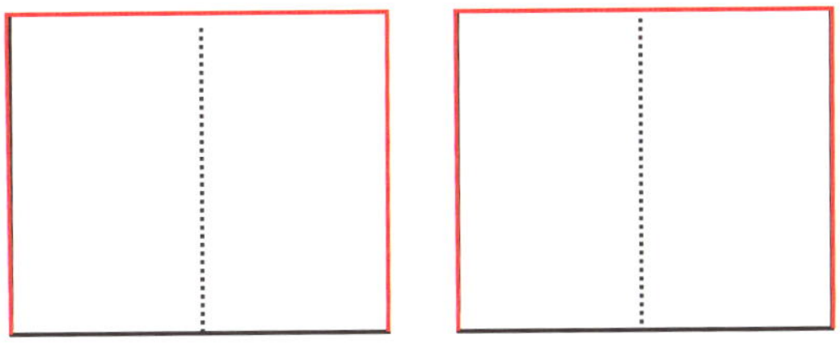

Die Fäustlinge in der Mitte falten.

Die Fäustlinge an den Seitennähten und oben schließen.

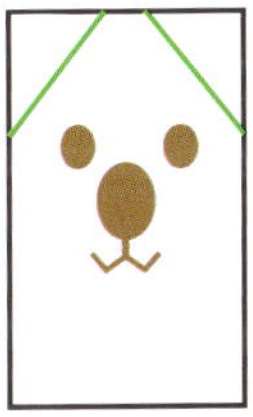

Mit Ohren mit Steppstichen abnähen und mit einem Faden umwickeln.

Mit dem Garn in Braun die Augen, die Nase und den Mund in Steppstich aufsticken.

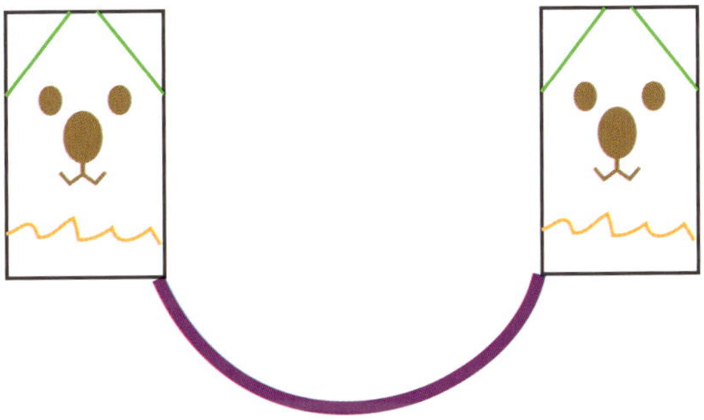

Das dünne Gummiband in Höhe der Handgelenke einziehen.

Eine Kordel aus 2 Fäden herstellen, in der Mitte bei ungefähr 50 cm falten und die Enden an den Fäustlingen befestigen.

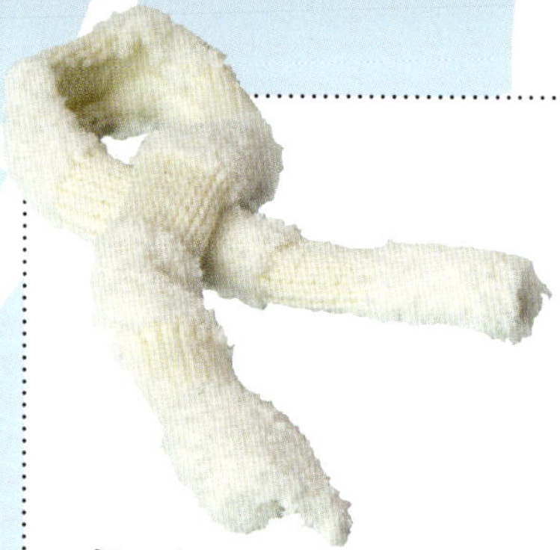

21. Schal

Einheitsgröße

Material

- Phildar Phil Douce (100 % Polyester): 1 Knäuel in Wollweiß
- Phildar Phil Partner 6 (50 % Polyamid, 25 % Wolle und 25 % Polyacryl): 1 Knäuel in Wollweiß
- Stricknadeln Nr. 5

Strickmuster

- **Glatt rechts**
  1. Reihe (Hinreihe): alle M rechts stricken.
  2. Reihe (Rückreihe): alle M links stricken.
  Diese 2 Reihen immer wiederholen.
- **Streifenmuster**
  10 Reihen glatt rechts mit Garn Phildar Phil Douce, 10 Reihen glatt rechts mit Garn Phildar Partner 6, von * bis * insgesamt 6-mal wiederholen und mit 10 Reihen Garn Phil Douce abschließen.

Maschenprobe

Stellen Sie durch das Anfertigen einer Maschenprobe sicher, dass die Größe Ihrer Arbeit mit der Anleitung übereinstimmt.

Streifenmuster glatt rechts mit Nadeln Nr. 5, Phildar Phil Douce:

10 cm = 35 M und 10 cm = 21 R.

Schnittmuster

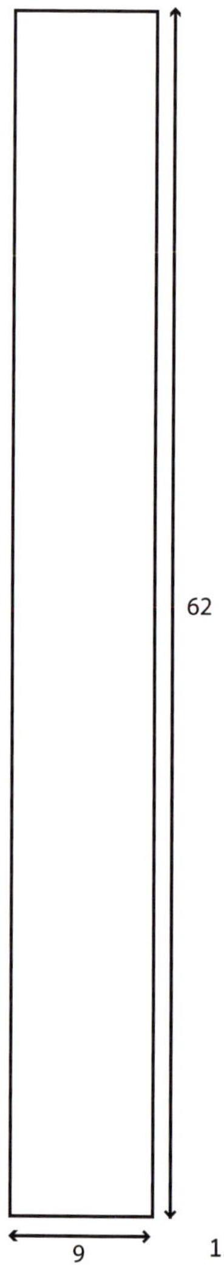

Anleitung

2.) Bei 62 cm Gesamthöhe die M locker abketten.

10 R Garn Phil Douce

10 R Garn Phil Partner 6

10 R Garn Phil Douce

10 R Garn Phil Partner 6

10 R Garn Phil Douce

10 R Garn Phil Partner 6

10 R Garn Phil Douce

10 R Garn Phil Partner 6

10 R Garn Phil Douce

10 R Garn Phil Partner 6

10 R Garn Phil Douce

10 R Garn Phil Partner 6

10 R Garn Phil Douce

1.) 16 M mit Nadeln Nr. 5, Garn Phil Douce anschlagen. Glatt rechts stricken und alle 10 Reihen das Garn wechseln.

22. Jacke

Größen

3 Monate (6 Monate / 12 Monate)

Die Anleitung ist in 3 Größen verfasst. Die am Anfang des Projekts angegebene Reihenfolge der Größen entspricht der Ziffernfolge in den Schnittmustern. Nebeneinander angeordnete Ziffern geben die Maschenzahl an, untereinander stehende sind Zentimeterangaben.

Beispiel: Für die Größe 6 Monate müssen Sie sich in Anleitung und Schnittmuster an die erste Ziffer in der Klammer halten und bei den senkrecht neben den Schnittmustern stehenden Ziffern an die mittlere.

Material

- Phildar Phil Partner 6 (50 % Polyamid, 25 % Wolle, 25 % Polyacryl): **4 (5/5)** Knäuel in Wollweiß
- Phildar Phil Douce (100 % Polyester): **1 (1/2)** Knäuel in Wollweiß
- Stricknadeln Nr. 5 und Nr. 5,5
- 6 Knöpfe

Strickmuster

- **Kraus rechts**

  1. Reihe (Hinreihe): alle M rechts stricken.

  2. Reihe (Rückreihe): alle M rechts stricken.

  Diese 2 Reihen immer wiederholen.

Maschenprobe

Stellen Sie durch das Anfertigen einer Maschenprobe sicher, dass die Größe Ihrer Arbeit mit der Anleitung übereinstimmt.

Kraus rechts mit Nadeln Nr. 5,5, Garn Phil Partner 6: 10 cm = 17 M und 20 cm = 67 R.

Kraus rechts mit Nadeln Nr. 5, Garn Phil Douce: 10 cm = 18 M und 20 cm = 41 R.

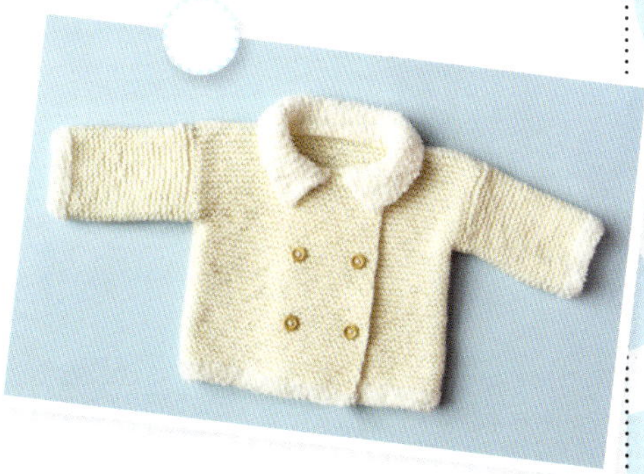

Schnittmuster

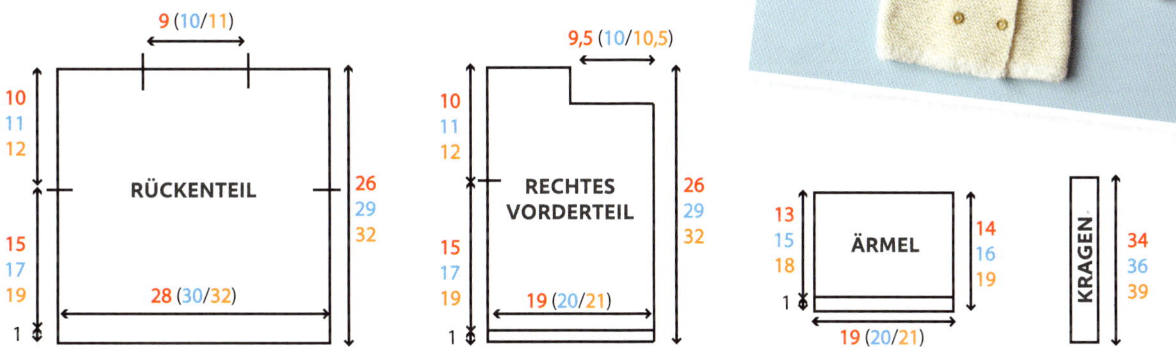

Anleitung Jacke

RÜCKENTEIL

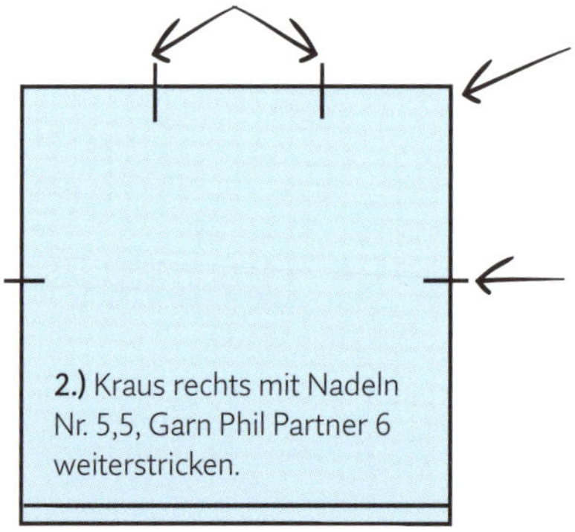

1.) 49 (53/55) M mit Nadeln Nr. 5, Garn Phil Douce anschlagen. 4 R kraus rechts stricken (=2 Krausrippen).

3.) Bei **16 (18/20)** cm Gesamthöhe mit einem bunten Faden das Ärmelloch markieren.

4.) Bei **16 (18/20)** cm Gesamthöhe mit einem bunten Faden das Ärmelloch markieren.

5.) Bei **26 (29/32)** cm Gesamthöhe einen bunten Faden an jeder Seite der mittigen **15 (17/19)** M für den Ausschnitt anbringen.

6.) Bei **26 (29/32)** cm Gesamthöhe die M locker abketten.

KRAGEN

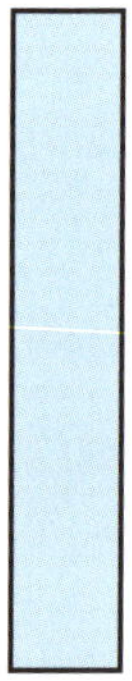

1.) 11 M mit Nadeln Nr. 5, Garn Phil Douce anschlagen. Kraus rechts stricken.

2.) Bei **34 (36/39)** cm Gesamthöhe die M locker abketten.

RECHTES VORDERTEIL

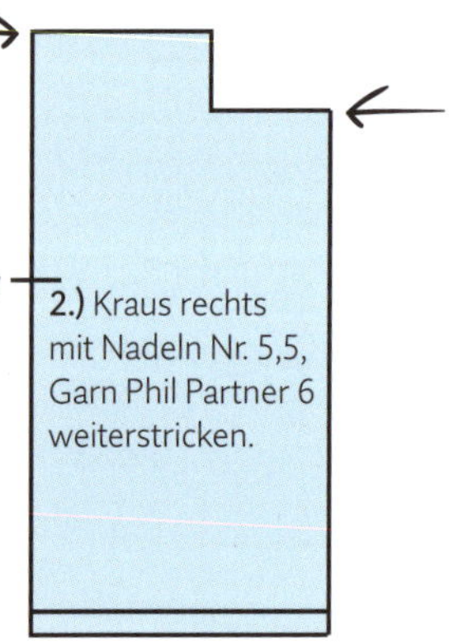

1.) 35 (37/39) M mit Nadeln Nr. 5, Garn Phil Douce anschlagen. 4 R kraus rechts stricken (=2 Krausrippen).

3.) Bei **16 (18/20)** cm Gesamthöhe mit einem bunten Faden das Ärmelloch markieren.

4.) Bei **22 (25/27)** cm Gesamthöhe **18 (19 /21)** M für den Ausschnitt abketten.

5.) Bei **26 (29/32)** cm Gesamthöhe die **17 (18/18)** M locker abketten.

ÄRMEL
2-MAL STRICKEN

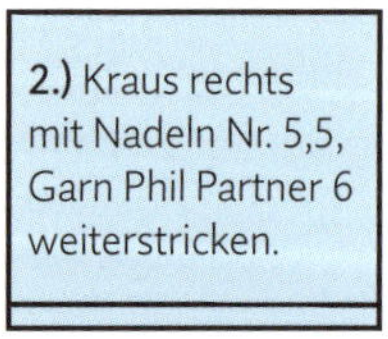

1.) 35 (37/39) M mit Nadeln Nr. 5, Garn Phil Douce anschlagen. 4 R kraus rechts stricken (=2 Krausrippen).

3.) Bei **14 (16/19)** cm Gesamthöhe die M locker abketten.

LINKES VORDERTEIL

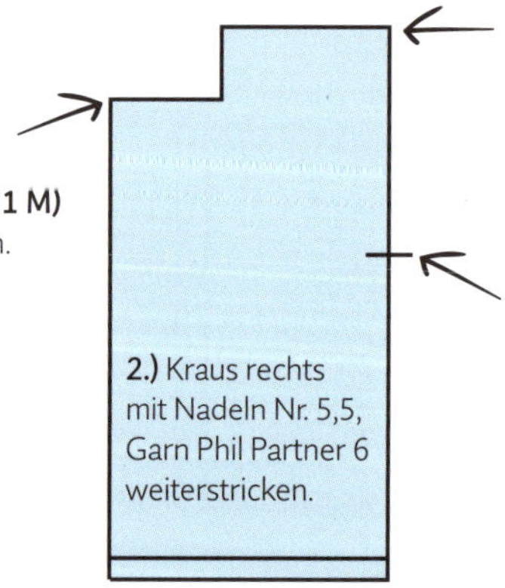

1.) 35 (37/39) M mit Nadeln Nr. 5, Garn Phil Douce anschlagen. 4 R kraus rechts stricken (=2 Krausrippen).

3.) Bei **16 (18/20)** cm Gesamthöhe mit einem bunten Faden das Ärmelloch markieren.

4.) Bei **22 (25/27)** cm Gesamthöhe 18 M **(19 M/21 M)** für den Ausschnitt abketten.

5.) Bei **26 (29/32)** cm Gesamthöhe die M locker abketten.

Zusammenfügen und fertigstellen

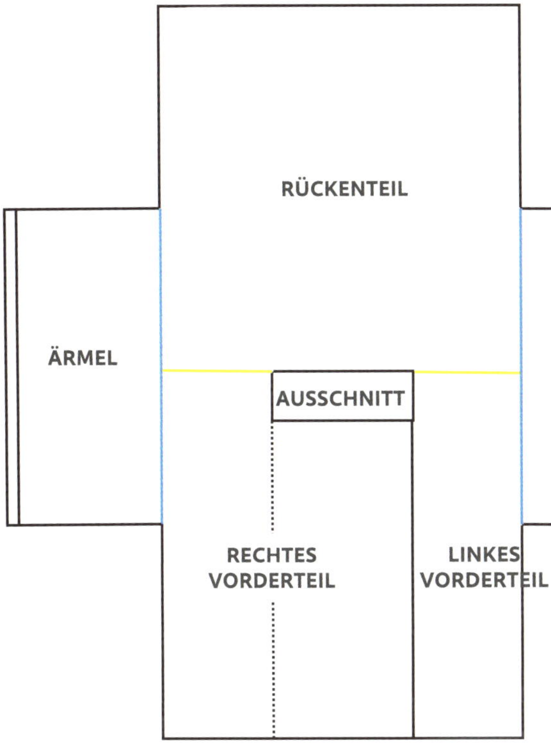

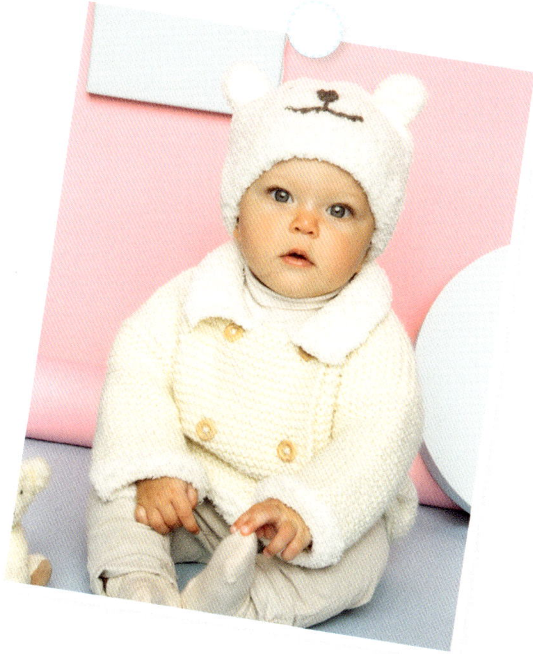

Die Schulternähte schließen.

Die Ärmel in die Ärmellöcher einsetzen.

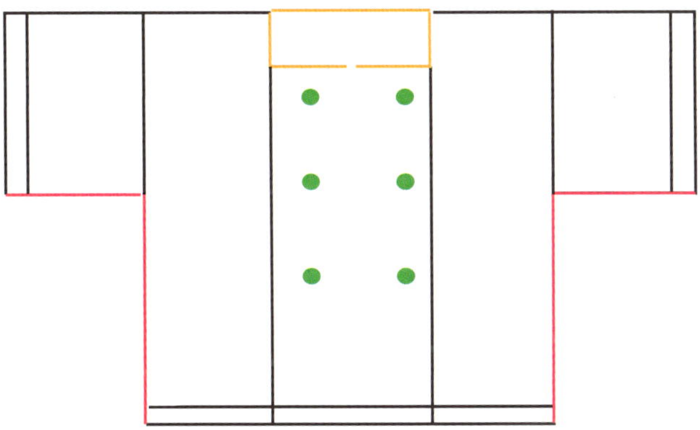

Die Seiten- und Ärmelnähte schließen.

Den Kragen an den Ausschnitt annähen. Hierzu die Enden 5 cm von den Rändern entfernt anlegen – bei geschlossener Jacke liegt der Kragen Kante an Kante.

3 R mit je 2 Knopflöchern durch Auseinanderschieben der Maschen bilden und mit ein paar Stichen fixieren. Die 1. R sitzt 1 cm unter dem Ausschnitt, das 1. Knopfloch 4 M vom linken Rand entfernt, das 2. Knopfloch in einem Abstand von 10 M.

Die anderen 2 Knopflochreihen in regelmäßigen Abständen unter die erste setzen.

Am anderen Vorderteil die Knöpfe annähen.

24. Jäckchen

In Kraus rechts, Garn Phildar
Phil Partner 3,5,
Nadeln Nr. 3,5.

23. Pullover

Glatt rechts und kraus rechts gestrickt,
Garn Phildar Phil Partner 3,5,
Nadeln Nr. 3,5.

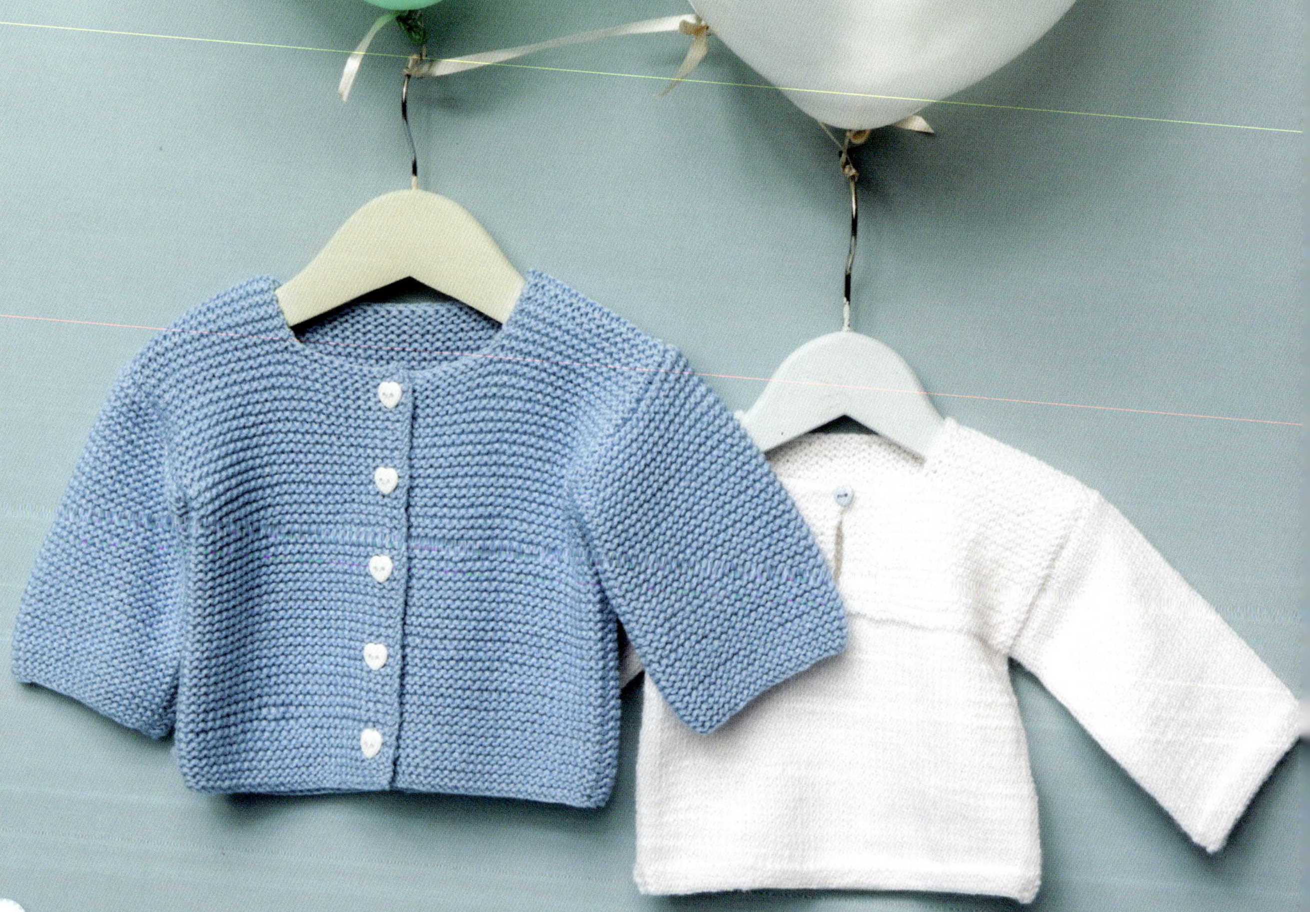

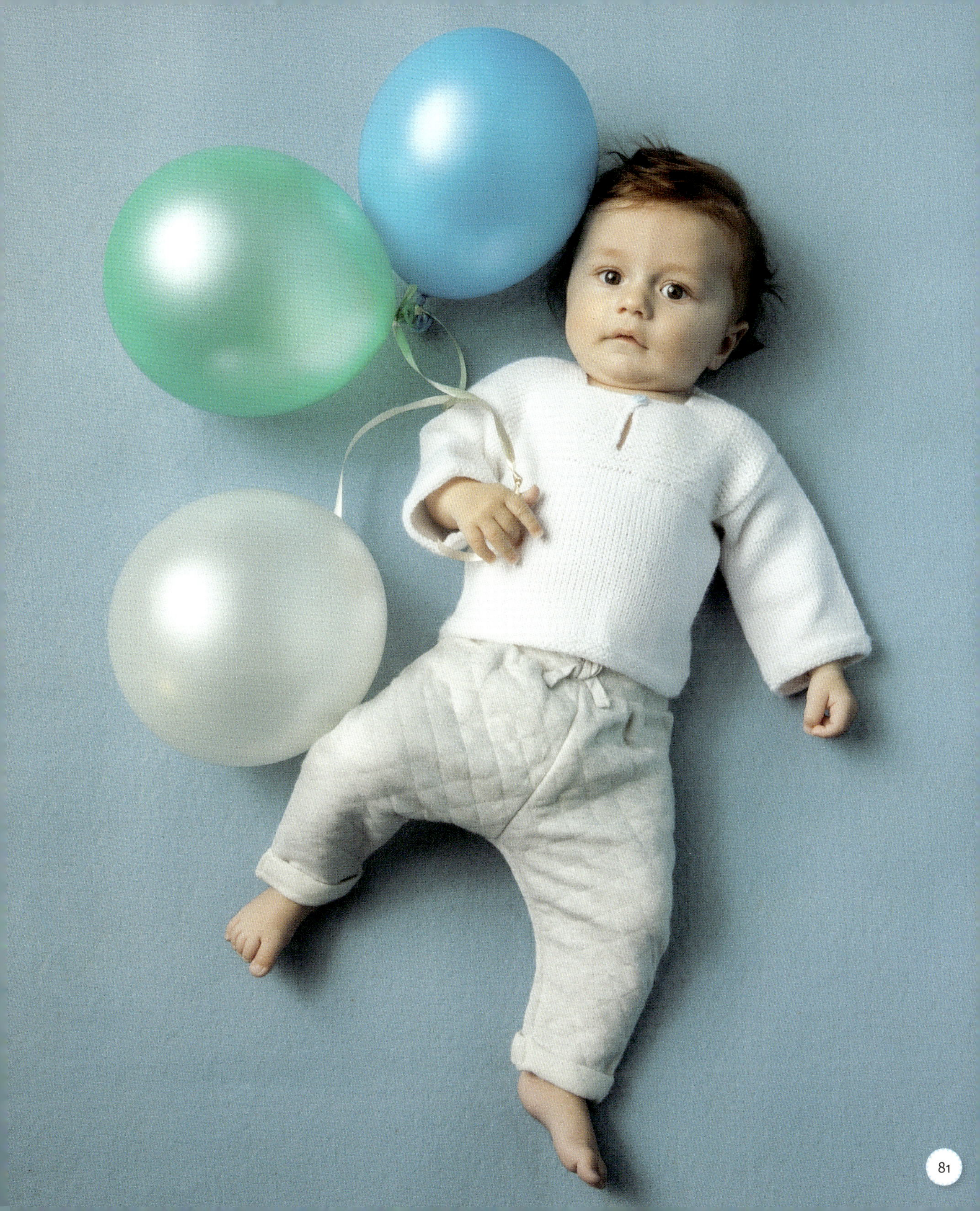

23. Pullover

Größen

3 Monate (6 Monate / 12 Monate)

Die Anleitung ist in 3 Größen verfasst. Die am Anfang des Projekts angegebene Reihenfolge der Größen entspricht der Ziffernfolge in den Schnittmustern. Nebeneinander angeordnete Ziffern geben die Maschenzahl an, untereinander stehende sind Zentimeterangaben.
Beispiel: Für die Größe 6 Monate müssen Sie sich in Anleitung und Schnittmuster an die erste Ziffer in der Klammer halten und bei den senkrecht neben den Schnittmustern stehenden Ziffern an die mittlere.

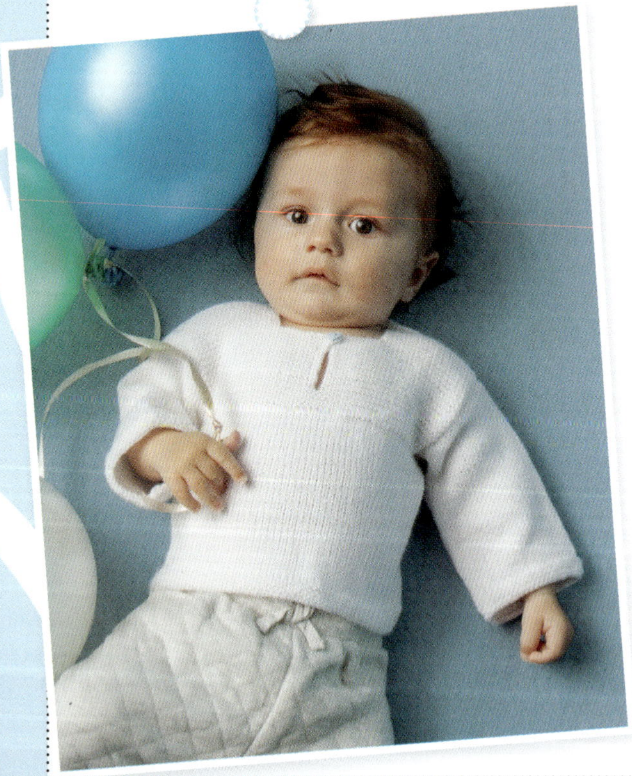

Material

◊ Phildar Phil Partner 3,5 (50 % Polyamid, 25 % Wolle und 25 % Polyacryl): **2 (3/3)** Knäuel in Weiß
◊ Stricknadeln Nr. 3,5
◊ 1 Knopf

Strickmuster

◊ **Kraus rechts**
1. Reihe (Hinreihe): alle M rechts stricken.
2. Reihe (Rückreihe): alle M rechts stricken.
Diese 2 Reihen immer wiederholen.

◊ **Glatt rechts**
1. Reihe (Hinreihe): alle M rechts stricken.
2. Reihe (Rückreihe): alle M links stricken.
Diese 2 Reihen immer wiederholen.

Maschenprobe

Stellen Sie durch das Anfertigen einer Maschenprobe sicher, dass die Größe Ihrer Arbeit mit der Anleitung übereinstimmt.

- Glatt rechts mit Nadeln Nr. 3,5:
  10 cm = 23 M und 30 R.
- Kraus rechts mit Nadeln Nr. 3,5:
  10 cm = 23 M und 45 R.

Schnittmuster

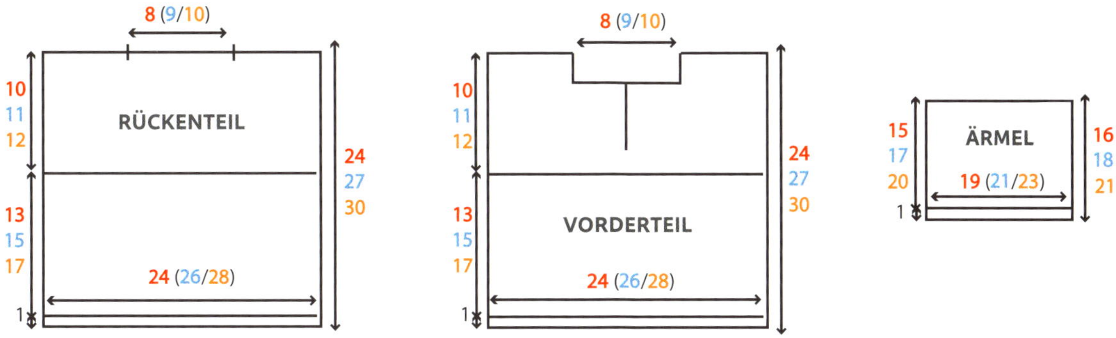

Anleitung Pullover

RÜCKENTEIL

8.) Bei **24 (27/30)** cm Gesamthöhe die M für die Schulter abketten.

9.) Die **19 (21/21)** M der rechten Seite kraus rechts weiterstricken.

10.) Bei **24 (27/30)** cm Gesamthöhe die M für die Schulter abketten.

6.) Bei **23 (26/29)** cm Gesamthöhe **19 (21/21)** M stricken, die folgenden **18 (20/24)** M für den Halsausschnitt abketten und die verbleibenden **19 (21/21)** M stricken.

7.) Die M der linken Seite weiterstricken.

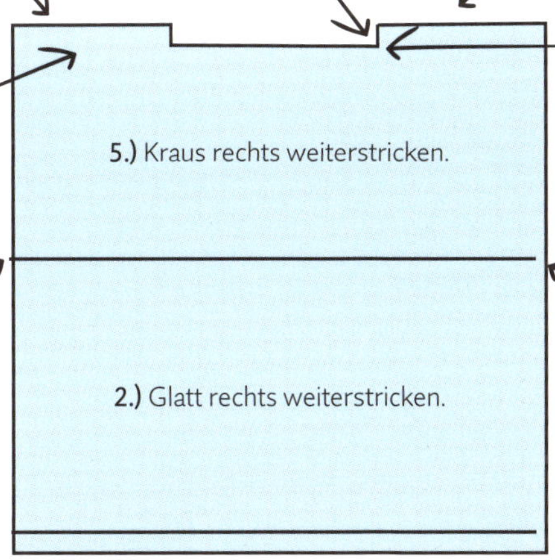

4.) Bei **14 (16/18)** cm Gesamthöhe die Randmasche mit einem bunten Faden für das Ärmelloch markieren.

3.) Bei **14 (16/18)** cm Gesamthöhe die Randmasche mit einem bunten Faden für das Ärmelloch markieren.

1.) **56 (62/66)** M mit Nadeln Nr. 3,5 anschlagen. 6 R kraus rechts stricken.

Anleitung Pullover

VORDERTEIL

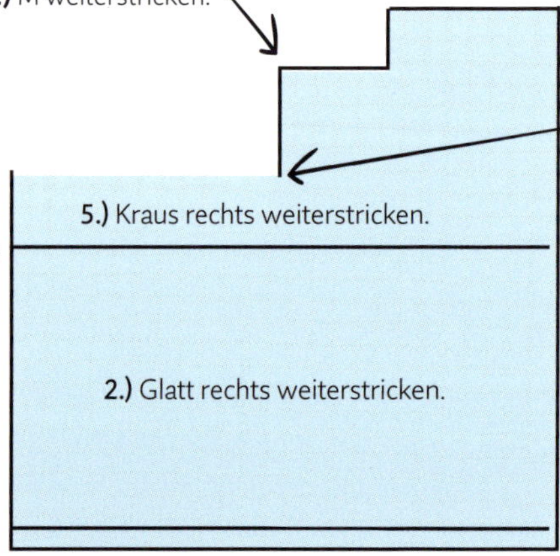

7.) Bei **21 (24/26)** cm Gesamthöhe **9 (10/12)** M für den Halsausschnitt abketten und die verbleibenden **19 (21/21)** M weiterstricken.

8.) Bei **24 (27/30)** cm Gesamthöhe die M für die Schulter abketten.

6.) Bei **16 (18/20)** cm Gesamthöhe **28 (31/33)** M stricken, die **28 (31/33)** M der linken Seite stilllegen.

5.) Kraus rechts weiterstricken.

4.) Bei **14 (16/18)** cm Gesamthöhe die Randmasche mit einem bunten Faden für das Ärmelloch markieren.

3.) Bei **14 (16/18)** cm Gesamthöhe die Randmasche mit einem bunten Faden für das Ärmelloch markieren.

2.) Glatt rechts weiterstricken.

1.) **56 (62/66)** M mit Nadeln Nr. 3,5 anschlagen.
6 R kraus rechts stricken.

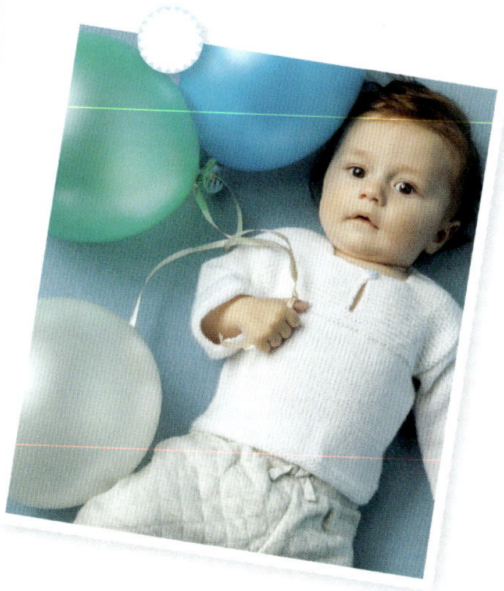

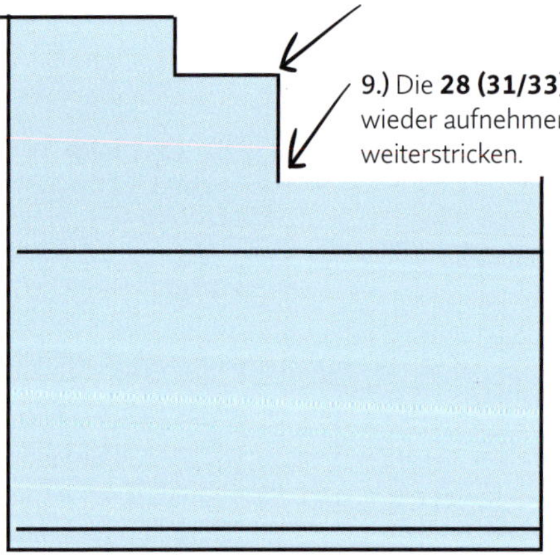

10.) Bei **21 (24/26)** cm Gesamthöhe **9 (10/12)** M für den Halsausschnitt abketten und die verbleibenden **19 (21/21)** M weiterstricken.

11.) Bei **24 (27/30)** cm Gesamthöhe die M für die Schulter abketten.

9.) Die **28 (31/33)** M der linken Seite wieder aufnehmen und kraus rechts weiterstricken.

ÄRMEL
2-MAL STRICKEN

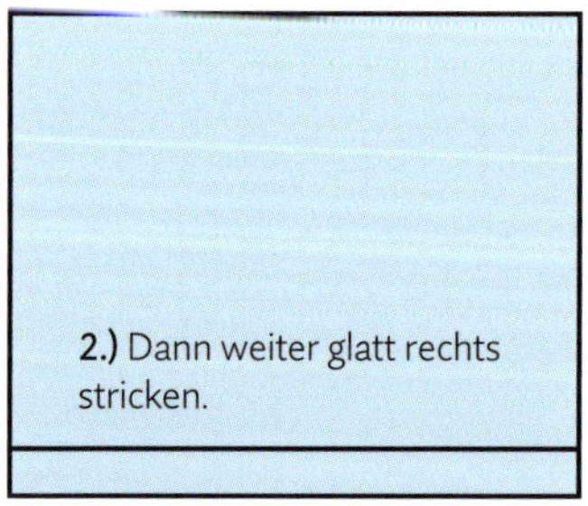

3.) Bei **16 (18/21)** cm Gesamthöhe die M abketten.

2.) Dann weiter glatt rechts stricken.

1.) **46 (50/54)** M mit Nadeln Nr. 3,5 anschlagen.
6 R kraus rechts stricken.

Zusammenfügen und fertigstellen

Die Schulternähte schließen.
Die Ärmel in die Ärmellöcher einsetzen.
Die Seiten- und Ärmelnähte schließen.
Eine Schlaufe für den Knopf am Ausschnitt bilden und den Knopf gegenüber annähen.

24. Jäckchen

Größen

3 Monate (6 Monate / 12 Monate)

Die Anleitung ist in 3 Größen verfasst. Die am Anfang des Projekts angegebene Reihenfolge der Größen entspricht der Ziffernfolge in den Schnittmustern. Nebeneinander angeordnete Ziffern geben die Maschenzahl an, untereinander stehende sind Zentimeterangaben.
Beispiel: Für die Größe 6 Monate müssen Sie sich in Anleitung und Schnittmuster an die erste Ziffer in der Klammer halten und bei den senkrecht neben den Schnittmustern stehenden Ziffern an die mittlere.

Material

- ◊ Garn Phildar Phil Partner 3,5 (50 % Polyamid 25 % Wolle und 25 % Polyacryl): **3 (4/4)** Knäuel in Hellblau
- ◊ Stricknadeln Nr. 3,5
- ◊ 5 Knöpfe

Strickmuster

◊ **Kraus rechts**

1. Reihe (Hinreihe): alle M rechts stricken
2. Reihe (Rückreihe): alle M rechts stricken
Diese 2 Reihen immer wiederholen.

Maschenprobe

Stellen Sie durch das Anfertigen einer Maschenprobe sicher, dass die Größe Ihrer Arbeit mit der Anleitung übereinstimmt.
Kraus rechts mit Nadeln Nr. 3,5:
10 cm = 23 M und 45 R.

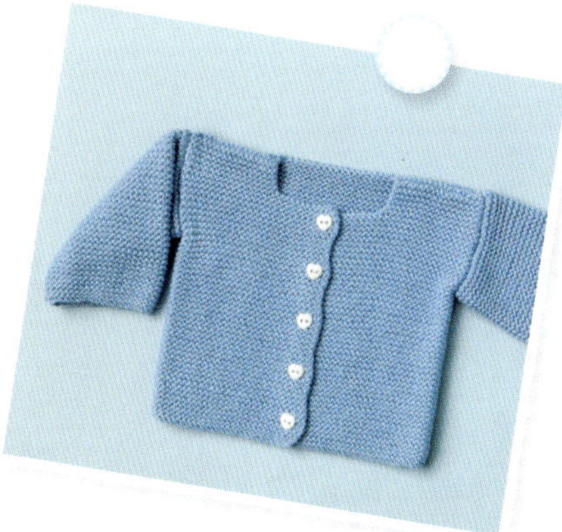

Schnittmuster

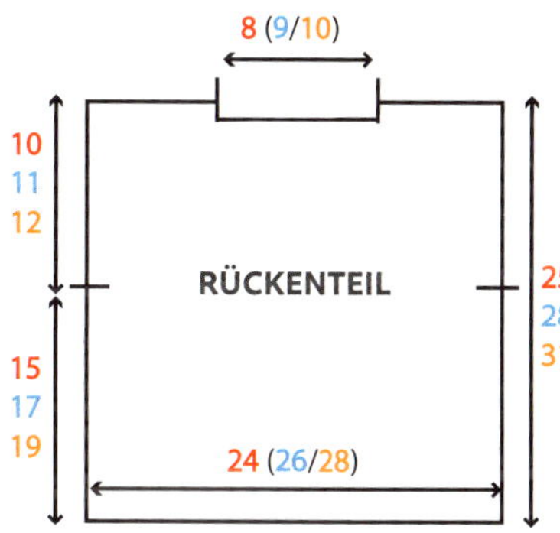

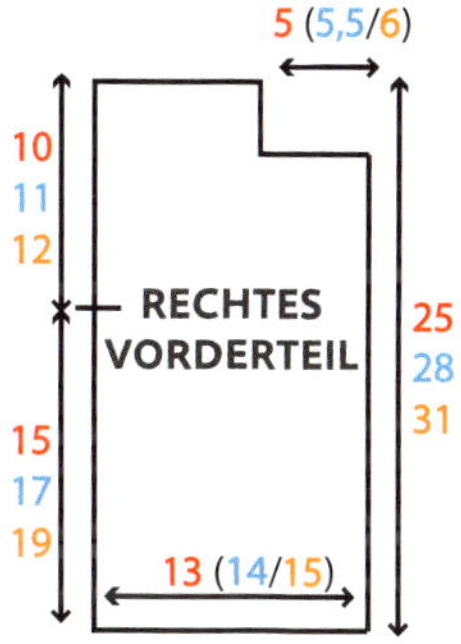

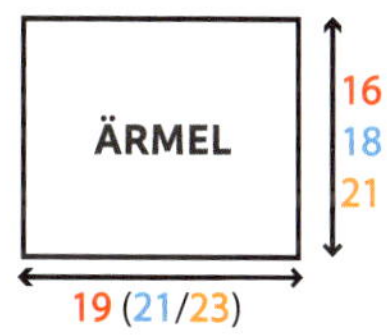

Anleitung Jäckchen

RÜCKENTEIL

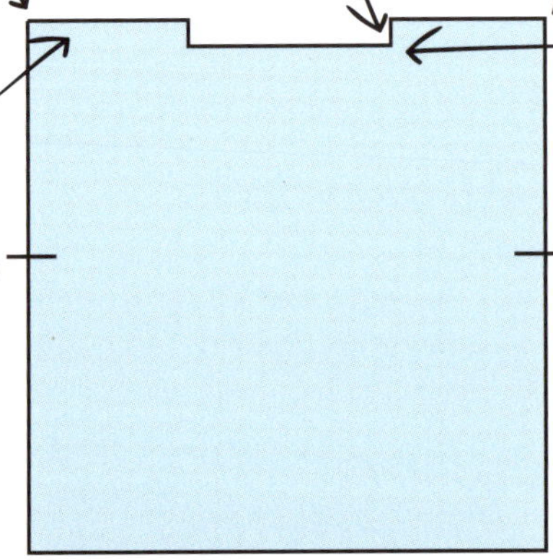

1.) **54 (60/64)** M mit Nadeln Nr. 3,5 in Phildar Partner 3,5 anschlagen. Kraus rechts stricken.

2.) Bei **15 (17/19)** cm Gesamthöhe mit einem bunten Faden das Ärmelloch markieren.

3.) Bei **15 (17/19)** cm Gesamthöhe mit einem bunten Faden das Ärmelloch markieren.

4.) Bei **24 (27/30)** cm Gesamthöhe **18 (20/21)** M kraus rechts stricken, **18 (20/22)** M abketten und **18 (20/21)** M kraus rechts stricken.

5.) Die M der linken Seite weiterstricken.

6.) Bei **25 (28/31)** cm Gesamthöhe die M für die Schulter abketten.

7.) Die **18 (20/21)** M der rechten Seite kraus rechts weiterstricken.

8.) Bei **25 (28/31)** cm Gesamthöhe die M für die Schulter abketten.

RECHTES VORDERTEIL

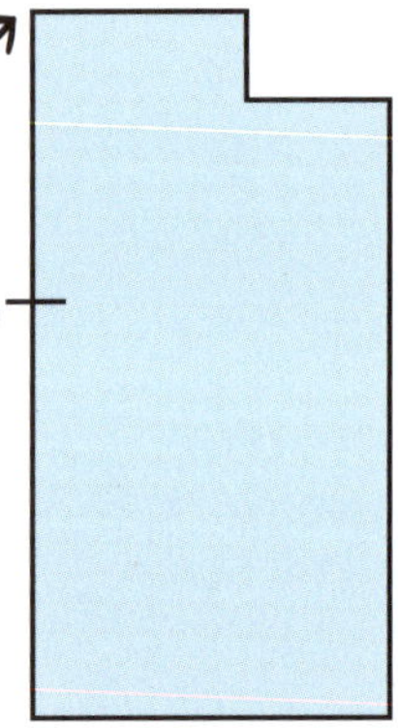

1.) **30 (33/35)** M mit Nadeln Nr. 3,5 in Phildar Partner 3,5 anschlagen. Kraus rechts stricken.

2.) Bei **15 (17/19)** cm Gesamthöhe mit einem bunten Faden das Ärmelloch markieren.

3.) Bei **21 (24/26)** cm Gesamthöhe **12 (13/14)** M für den Halsausschnitt abketten.

4.) Bei **25 (28/31)** cm Gesamthöhe, die verbleibenden **18 (20/21)** M für die Schulter abketten.

LINKES VORDERTEIL

1.) **30 (33/35)** M mit Nadeln Nr. 3,5 in Garn Phil Partner 3,5 anschlagen. Kraus rechts stricken.

2.) Bei **15 (17/19)** cm Gesamthöhe mit einem bunten Faden das Ärmelloch markieren.

3.) Bei **21 (24/26)** cm Gesamthöhe **12 (13/14)** M für den Halsausschnitt abketten.

4.) Bei **25 (28/31)** cm Gesamthöhe die verbleibenden **18 (20/21)** M für die Schulter abketten.

ÄRMEL
2-MAL STRICKEN

1.) **44 (48/52)** M mit Nadeln Nr. 3,5 in Phildar Partner 3,5 anschlagen. Kraus rechts stricken.

2.) Bei **16 (18/23)** cm Gesamthöhe die M locker abketten.

Zusammenfügen und fertigstellen

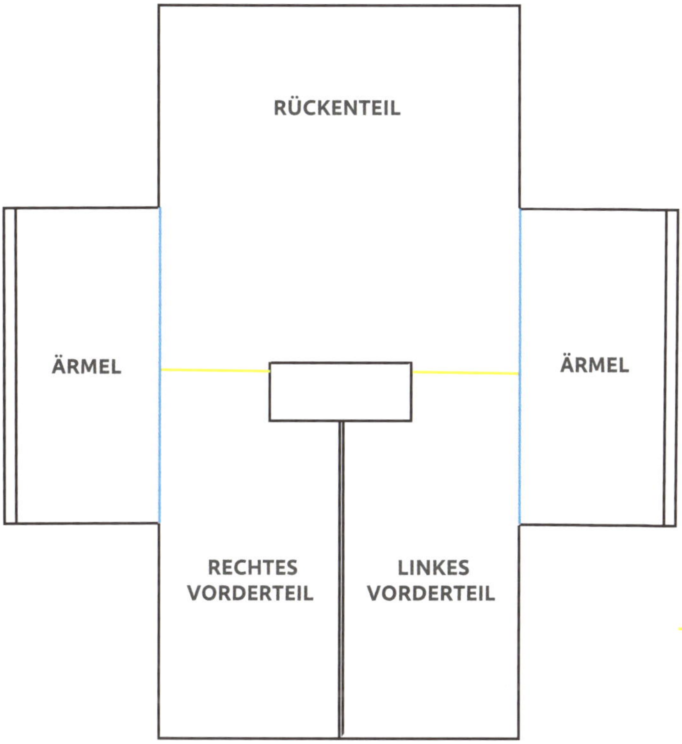

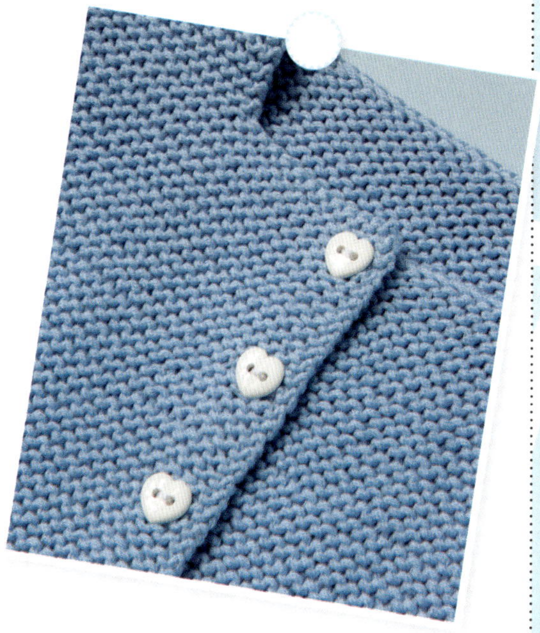

— Die Schulternähte schließen.

| Die Ärmel in die Ärmellöcher einsetzen.

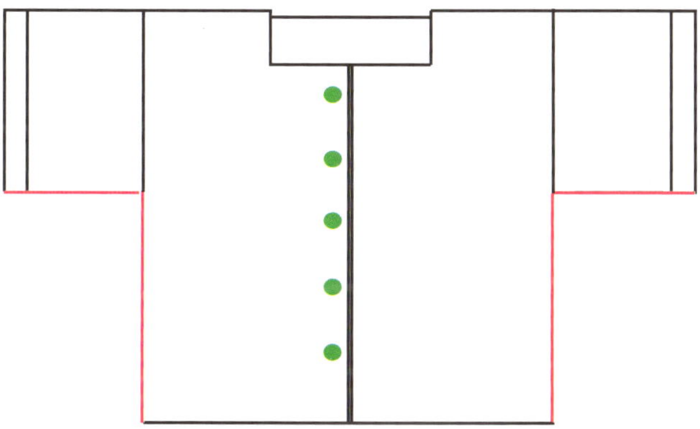

— Die Seiten- und Ärmelnähte schließen.

5 Knopflöcher durch Auseinanderschieben der Maschen 3 M vom Rand entfernt bilden und mit ein paar Stichen fixieren. Das 1. bei **3 (3/3)** cm Gesamthöhe setzen, die folgenden in einem Abstand von **4 (5/5,5)** cm.

● Am anderen Vorderteil die Knöpfe annähen.

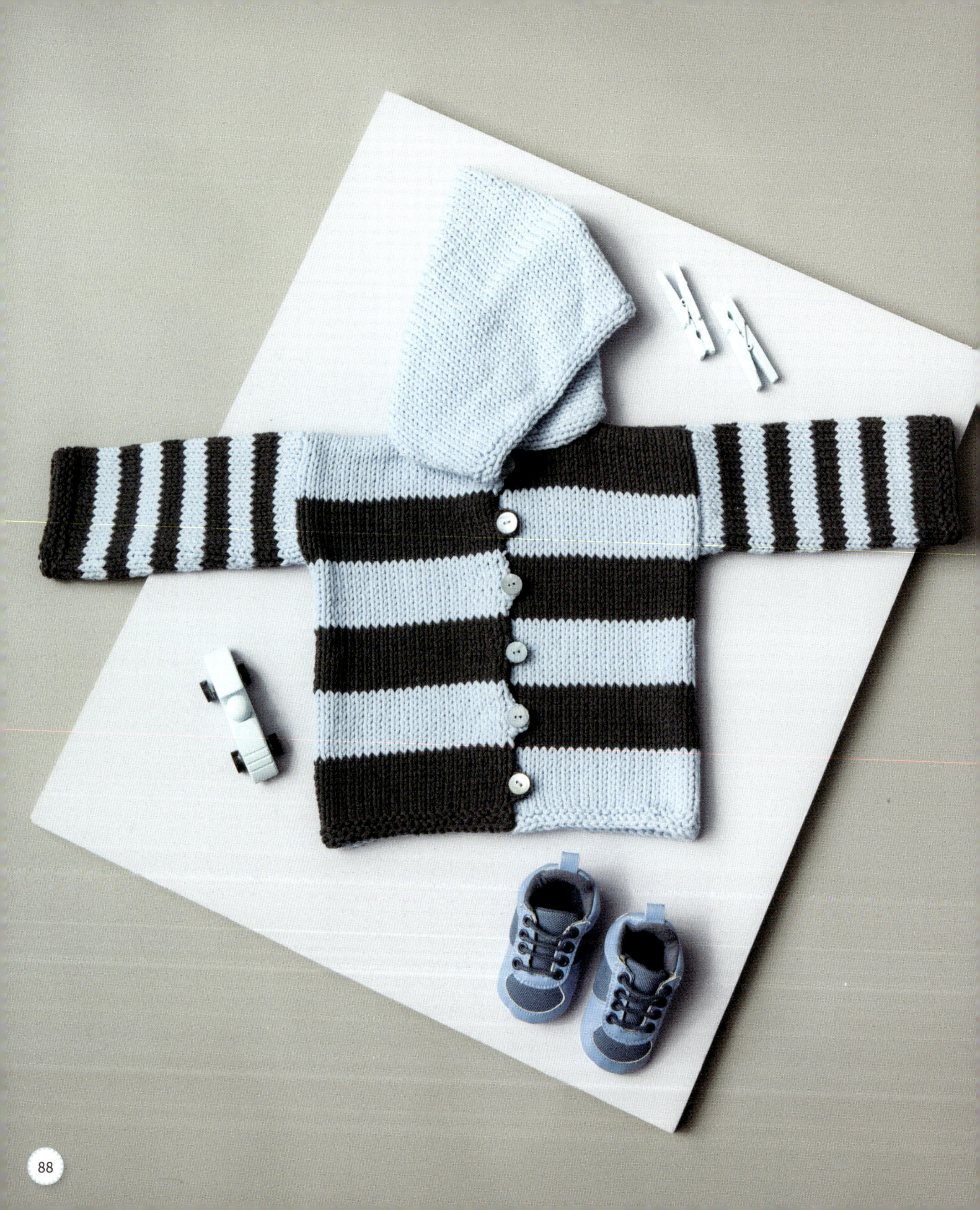

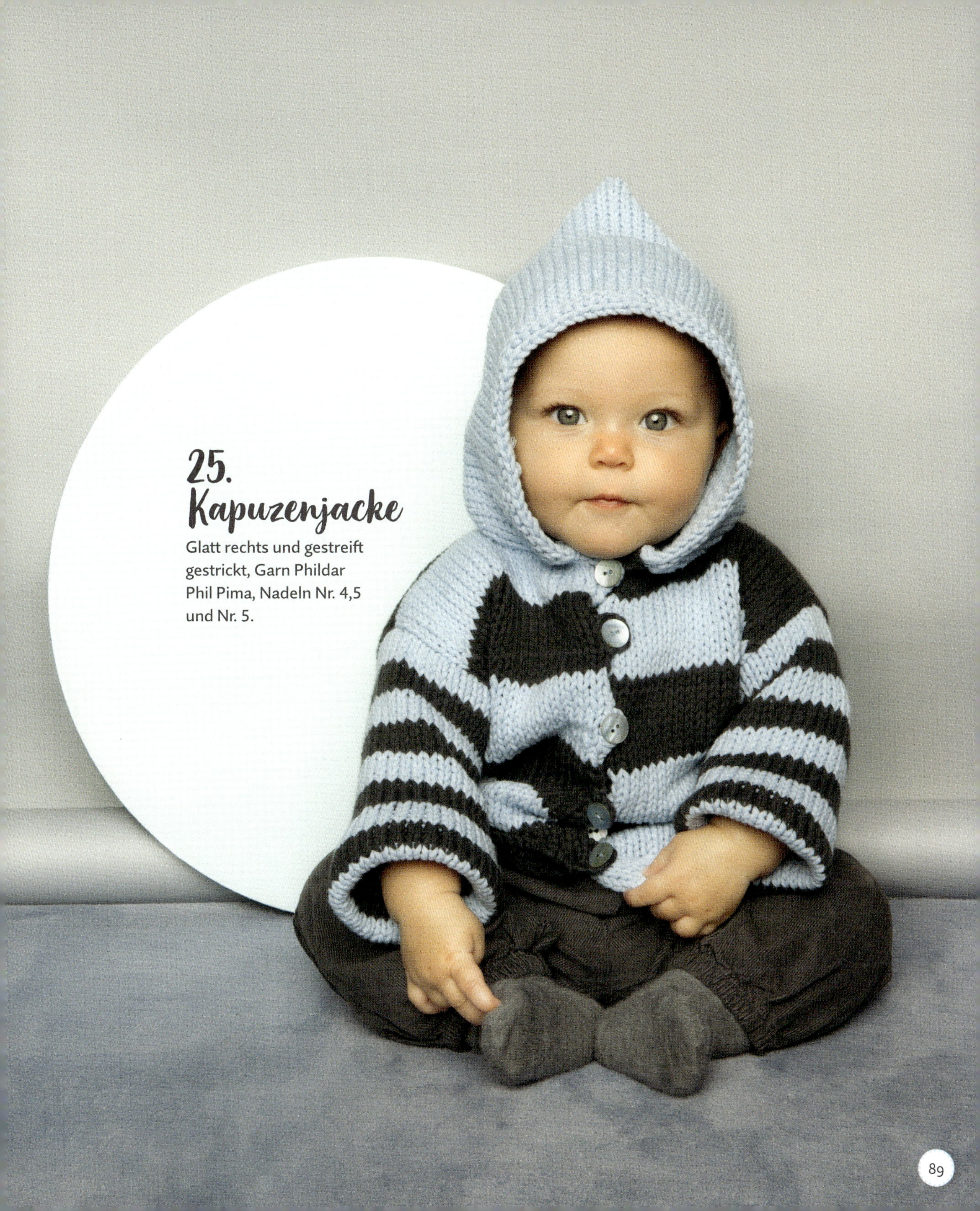

25. Kapuzenjacke

Glatt rechts und gestreift gestrickt, Garn Phildar Phil Pima, Nadeln Nr. 4,5 und Nr. 5.

25. Kapuzenjacke

Größen

3 Monate (6 Monate / 12 Monate)

Die Anleitung ist in 3 Größen verfasst. Die am Anfang des Projekts angegebene Reihenfolge der Größen entspricht der Ziffernfolge in den Schnittmustern. Nebeneinander angeordnete Ziffern geben die Maschenzahl an, untereinander stehende sind Zentimeterangaben.
Beispiel: Für die Größe 6 Monate müssen Sie sich in Anleitung und Schnittmuster an die erste Ziffer in der Klammer halten und bei den senkrecht neben den Schnittmustern stehenden Ziffern an die mittlere.

Material

◊ Phildar Phil Pima (51 % Pima-Baumwolle und 49 % Polyamid): **3 (4/4)** Knäuel in Hellblau, **2 (2/3)** Knäuel in Anthrazit
◊ Stricknadeln Nr. 4,5 und Nr. 5
◊ 6 Knöpfe

Strickmuster

◊ **Kraus rechts**
1. Reihe (Hinreihe): alle M rechts stricken.
2. Reihe (Rückreihe): alle M rechts stricken.
Diese 2 Reihen immer wiederholen.

◊ **Glatt rechts**
1. Reihe (Hinreihe): alle M rechts stricken.
2. Reihe (Rückreihe): alle M links stricken.
Diese 2 Reihen immer wiederholen.

◊ **Rückenteil und linkes Vorderteil glatt rechts gestreift**
1., 3., 5., 7. und 9. Reihe (Hinreihe):
alle M rechts in Hellblau stricken.
2., 4., 6., 8. und 10. Reihe (Rückreihe):
alle M links in Hellblau stricken.
11., 13., 15., 17. und 19. Reihe (Hinreihe):
alle M rechts in Anthrazit stricken.
12., 14., 16., 18. und 20. Reihe (Rückreihe):
alle M links in Anthrazit stricken.
Diese 20 Reihen immer wiederholen.

◊ **Rechtes Vorderteil glatt rechts gestreift**
1., 3., 5., 7. und 9. Reihe (Hinreihe):
alle M rechts in Anthrazit stricken.
2., 4., 6., 8. und 10. Reihe (Rückreihe):
alle M links in Anthrazit stricken.
11., 13., 15., 17. und 19. Reihe (Hinreihe):
alle M rechts in Hellblau stricken.
12., 14., 16., 18. und 20. Reihe (Rückreihe):
alle M links in Hellblau stricken.
Diese 20 Reihen immer wiederholen.

◊ **Ärmel glatt rechts gestreift**
1. und 3. Reihe (Hinreihe):
alle M rechts in Anthrazit stricken.
2. und 4. Reihe (Rückreihe):
alle M links in Anthrazit stricken.
5. und 7. Reihe (Hinreihe):
alle M rechts in Hellblau stricken.
6. und 8. Reihe (Rückreihe):
alle M links in Hellblau stricken.
Diese 8 Reihen immer wiederholen.

Maschenprobe

Stellen Sie durch das Anfertigen einer Maschenprobe sicher, dass die Größe Ihrer Arbeit mit der Anleitung übereinstimmt. Glatt rechts oder glatt rechts gestreift mit Nadeln Nr. 5: 10 cm = 17 M und 26 R.

Schnittmuster

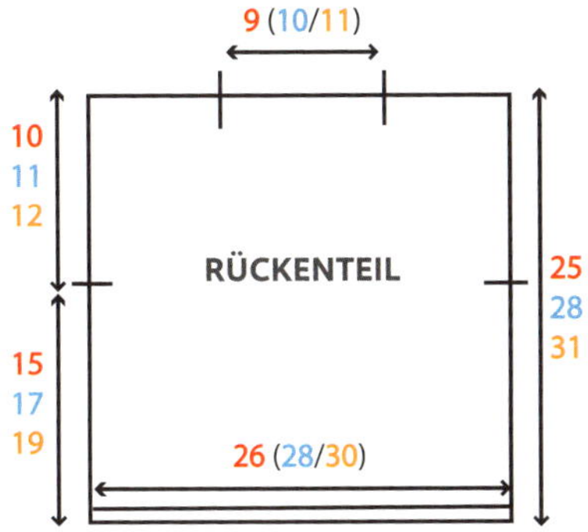

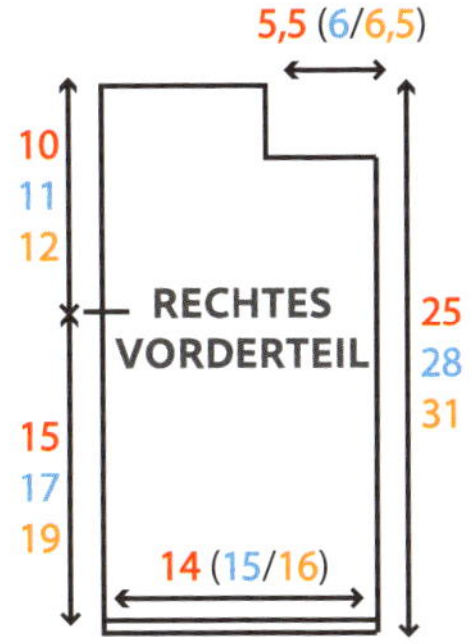

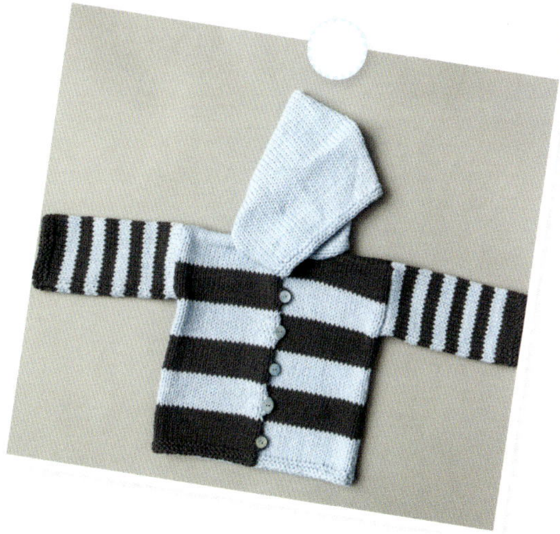

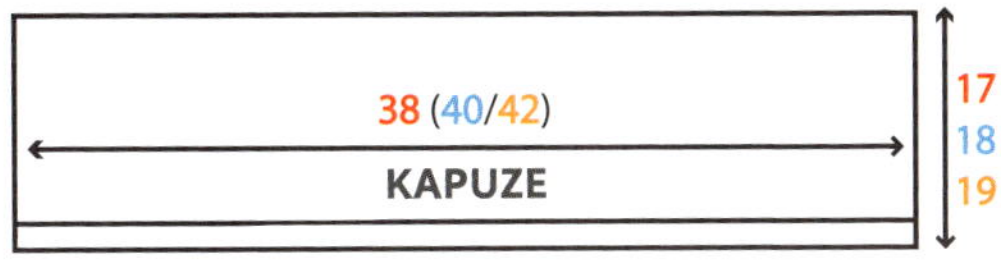

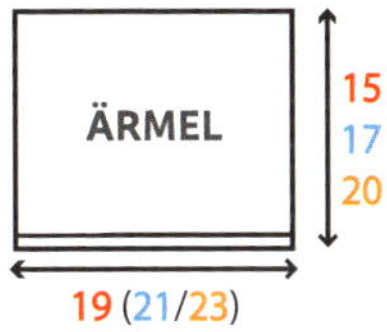

Anleitung

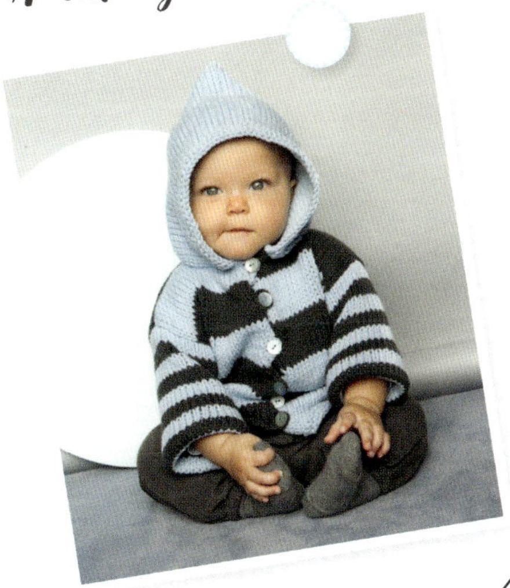

RÜCKENTEIL

5.) Bei **25 (28/31)** cm Gesamthöhe einen bunten Faden an jeder Seite der mittigen **14 (16/18)** M für den Ausschnitt anbringen.

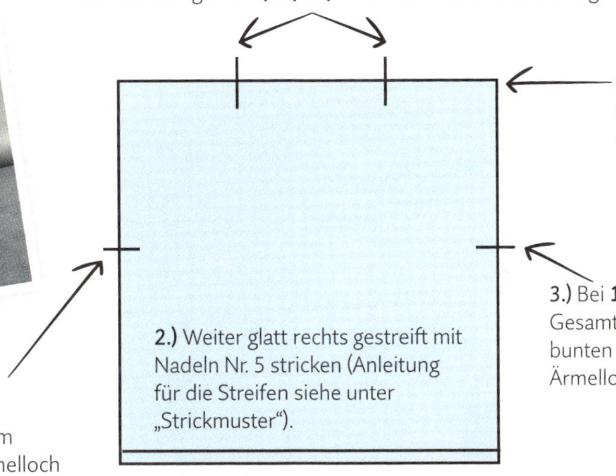

6.) Bei **25 (28/31)** cm Gesamthöhe die M locker abketten.

3.) Bei **15 (17/19)** cm Gesamthöhe mit einem bunten Faden das Ärmelloch markieren.

2.) Weiter glatt rechts gestreift mit Nadeln Nr. 5 stricken (Anleitung für die Streifen siehe unter „Strickmuster“).

4.) Bei **15 (17/19)** cm Gesamthöhe mit einem bunten Faden das Ärmelloch markieren.

1.) **44 (46/50)** M mit Nadeln Nr. 4,5 in Hellblau anschlagen. 4 R kraus rechts stricken.

Anleitung Kapuzenjacke

RECHTES VORDERTEIL

5.) Bei **25 (28/31)** cm Gesamthöhe die verbleibenden **15 (15/16)** M für die Schulter locker abketten.

4.) Bei **22 (25/27)** cm Gesamthöhe **9 (11/12)** M für den Halsausschnitt abketten.

3.) Bei **15 (17/19)** cm Gesamthöhe mit einem bunten Faden das Ärmelloch markieren.

2.) Weiter glatt rechts gestreift mit Nadeln Nr. 5 stricken (Anleitung für die Streifen siehe unter „Strickmuster").

1.) **24 (26/28)** M mit Nadeln Nr. 4,5 in Anthrazit anschlagen. 4 R kraus rechts stricken.

ÄRMEL
2-MAL STRICKEN

3) Bei **15 (17/20)** cm Gesamthöhe die M locker abketten.

2.) Weiter glatt rechts gestreift mit Nadeln Nr. 5 stricken (siehe Aufteilung der Streifen unter „Strickmuster").

1.) **32 (36/38)** M mit Nadeln Nr. 4,5 in Anthrazit anschlagen. 4 R kraus rechts stricken.

KAPUZE

3.) Bei **17 (18/19)** cm Gesamthöhe die M locker abketten.

2.) Glatt rechts mit Nadeln Nr. 5 in Hellblau weiterstricken.

1.) **62 (66/70)** M mit Nadeln Nr. 4,5 in Hellblau anschlagen.4 R kraus rechts stricken.

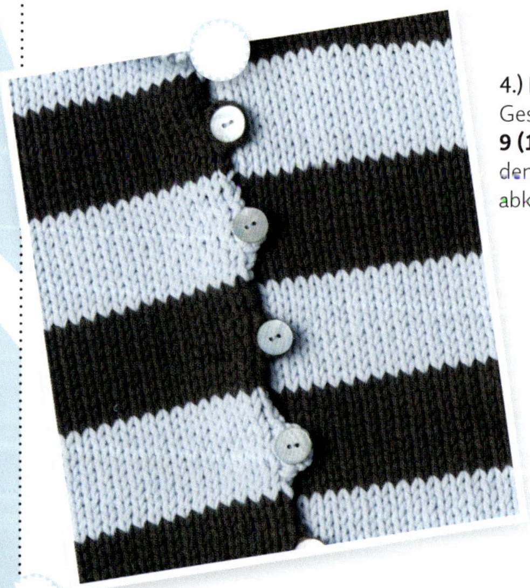

LINKES VORDERTEIL

5.) Bei **25 (28/31)** cm Gesamthöhe die verbleibenden **15 (15/16)** M für die Schulter locker abketten.

4.) Bei **22 (25/27)** cm Gesamthöhe **9 (11/12)** M für den Halsausschnitt abketten.

3.) Bei **15 (17/19) cm** Gesamthöhe mit einem bunten Faden das Ärmelloch markieren.

2.) Weiter glatt rechts gestreift mit Nadeln Nr. 5 stricken (Anleitung für die Streifen siehe unter „Strickmuster").

1.) **24 (26/28)** M mit Nadeln Nr. 4,5 in Hellblau anschlagen. 4 R kraus rechts stricken.

Zusammenfügen und fertigstellen

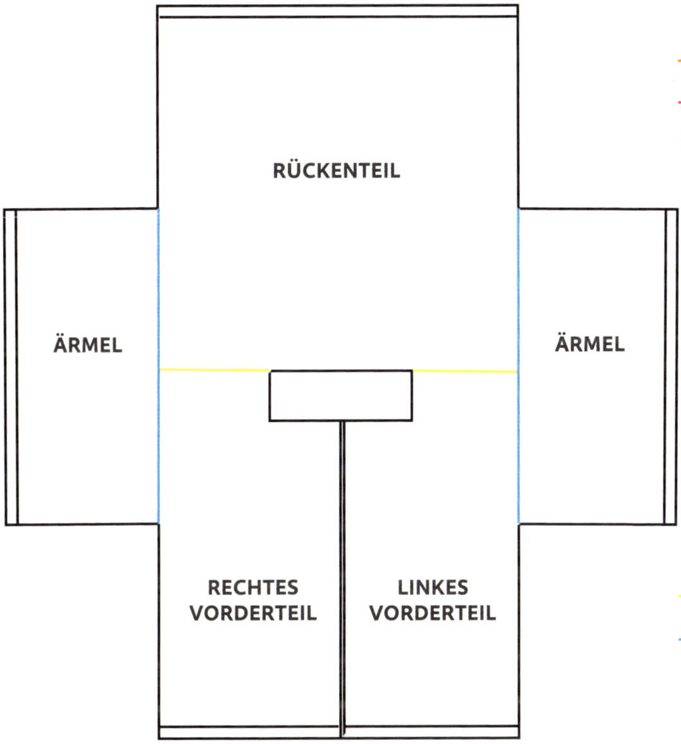

— Die Kapuze an den Ausschnitt annähen.

— Die Seiten- und Ärmelnähte schließen.

● 6 Knopfschlaufen in regelmäßigen Abständen an das rechte Vorderteil anbringen. Die Knöpfe gegenüber am linken Vorderteil annähen.

— Die Schulternähte schließen.

— Die Ärmel in die Ärmellöcher einsetzen.

KAPUZE

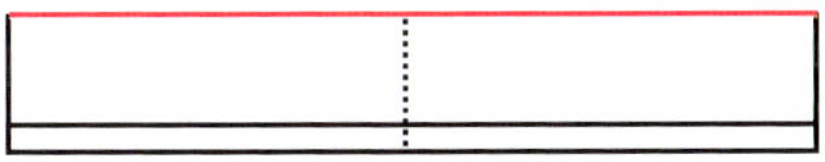

⋮ Die Kapuze in der Mitte falten.

— Die Kapuze mit einer Naht schließen.

KAPUZE GEFALTET

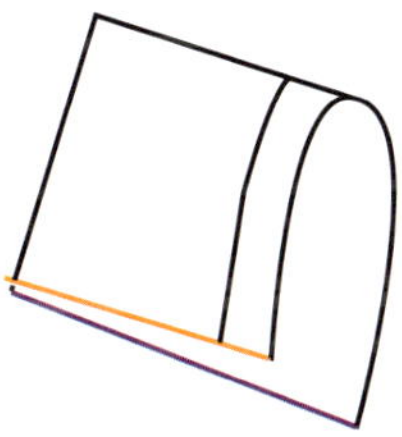

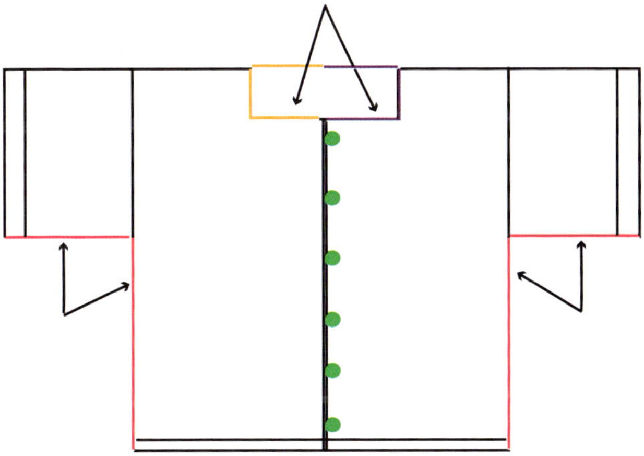

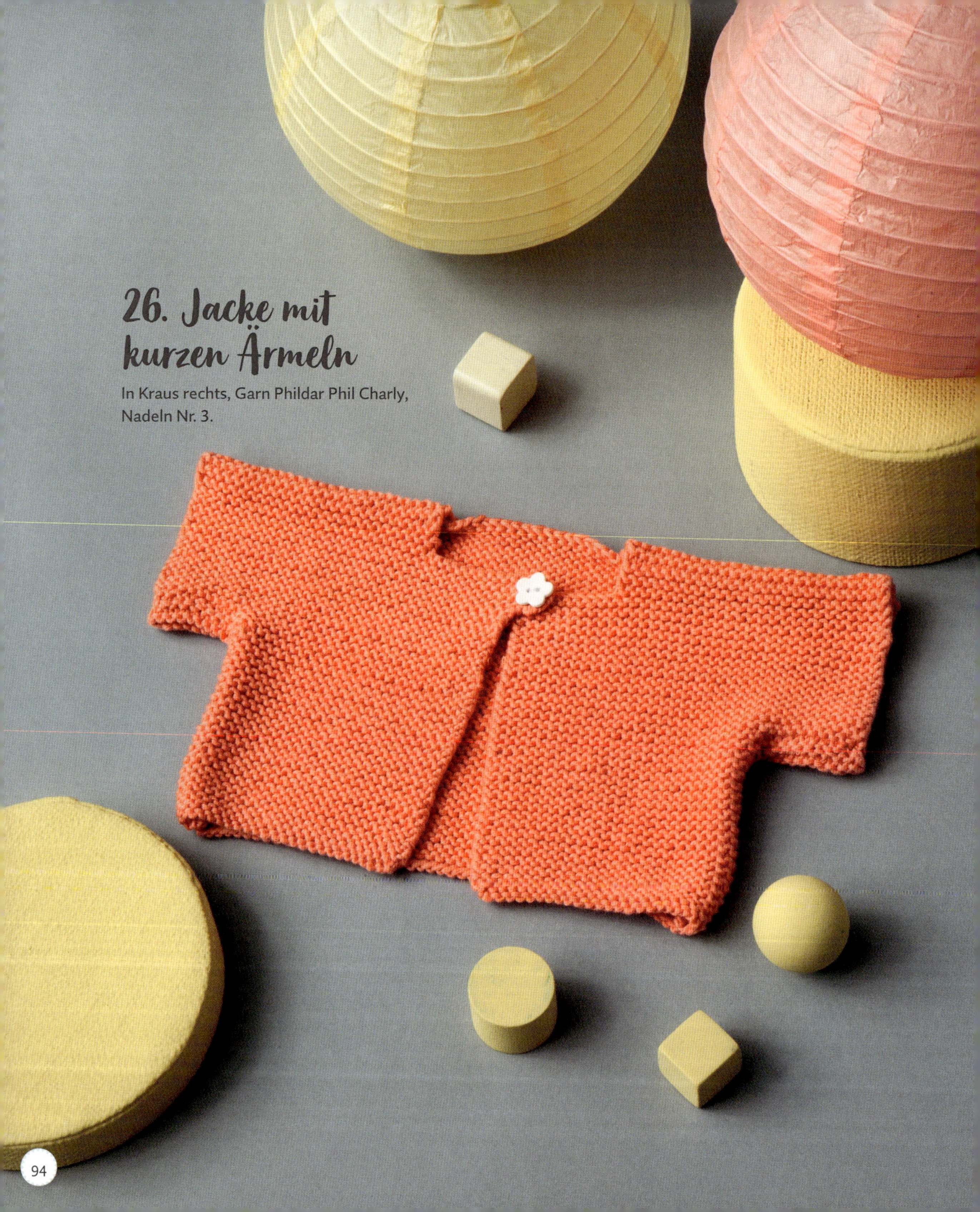

26. Jacke mit kurzen Ärmeln

In Kraus rechts, Garn Phildar Phil Charly, Nadeln Nr. 3.

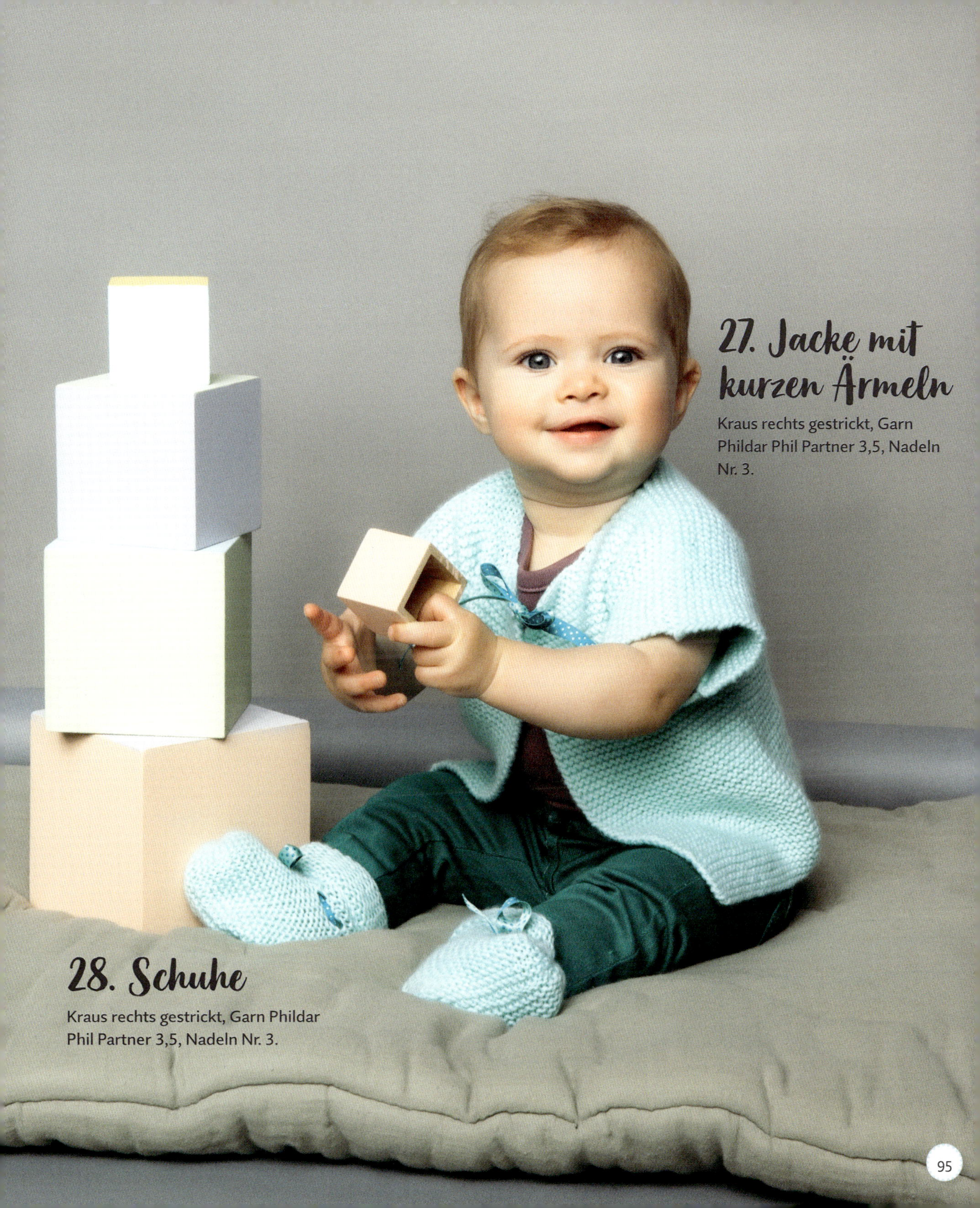

27. Jacke mit kurzen Ärmeln

Kraus rechts gestrickt, Garn Phildar Phil Partner 3,5, Nadeln Nr. 3.

28. Schuhe

Kraus rechts gestrickt, Garn Phildar Phil Partner 3,5, Nadeln Nr. 3.

26. Jacke mit kurzen Ärmeln

Größen

3 Monate (6 Monate / 12 Monate)

Die Anleitung ist in 3 Größen verfasst. Die am Anfang des Projekts angegebene Reihenfolge der Größen entspricht der Ziffernfolge in den Schnittmustern. Nebeneinander angeordnete Ziffern geben die Maschenzahl an, untereinander stehende sind Zentimeterangaben.
Beispiel: Für die Größe 6 Monate müssen Sie sich in Anleitung und Schnittmuster an die erste Ziffer in der Klammer halten und bei den senkrecht neben den Schnittmustern stehenden Ziffern an die mittlere.

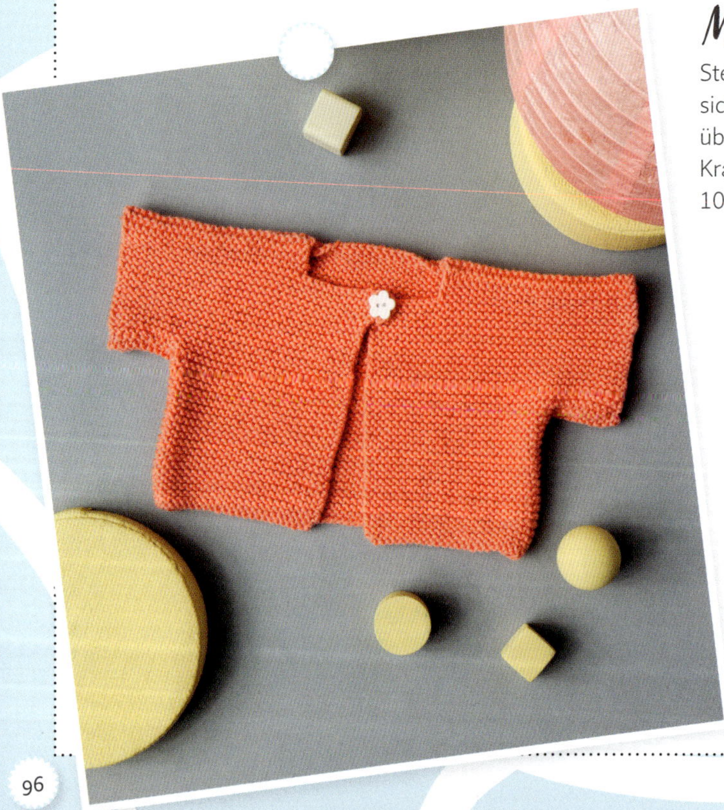

Material

- Phildar Phil Charly (100 % Polyacryl): **3 (3/4)** Knäuel in Korallenrot
- Stricknadeln Nr. 3
- 1 Knopf

Strickmuster

- **Kraus rechts**
  1. Reihe (Hinreihe): alle M rechts stricken.
  2. Reihe (Rückreihe): alle M rechts stricken.
  Diese 2 Reihen immer wiederholen.

Maschenprobe

Stellen Sie durch das Anfertigen einer Maschenprobe sicher, dass die Größe Ihrer Arbeit mit der Anleitung übereinstimmt.
Kraus rechts mit Nadeln Nr. 3:
10 cm = 21 M und 47 R.

Schnittmuster

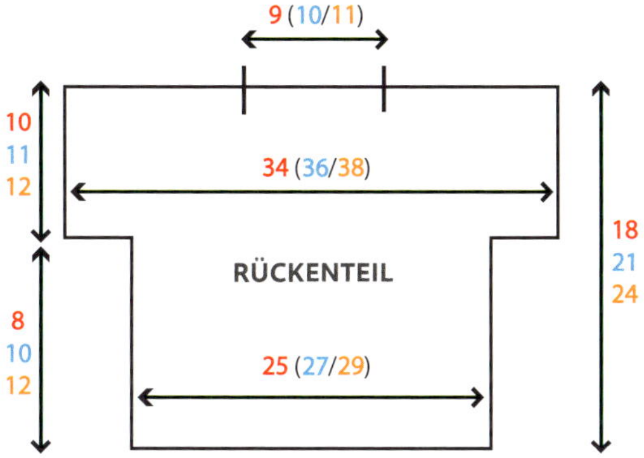

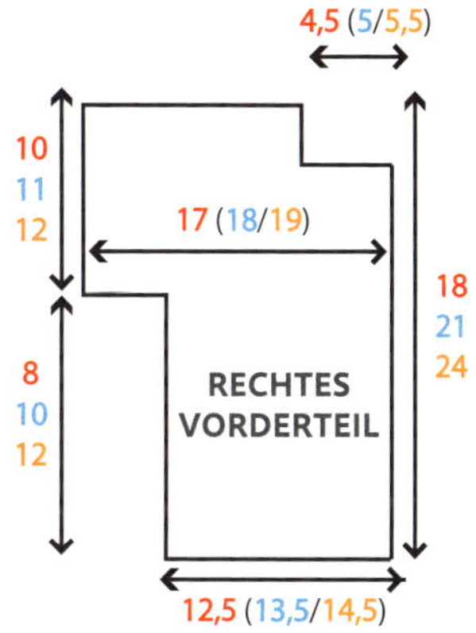

Anleitung

RÜCKENTEIL

4.) Bei **18 (21/24)** cm Gesamthöhe die mittigen **18 (20/22)** M mit einem bunten Faden kennzeichnen.

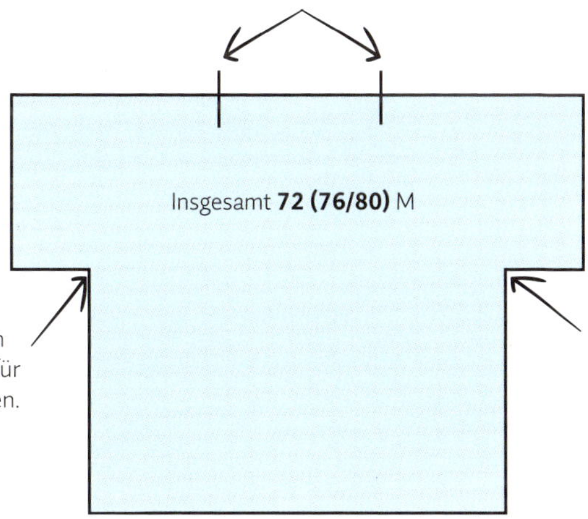

5.) Bei **18 (21/24)** cm Gesamthöhe die M locker abketten.

3.) Bei **8 (10/12)** cm Gesamthöhe 10 M für den Ärmel zunehmen.

2.) Bei **8 (10/12)** cm Gesamthöhe 10 M für den Ärmel zunehmen.

1.) **52 (56/60)** M mit Nadeln Nr. 3 anschlagen. Kraus rechts stricken.

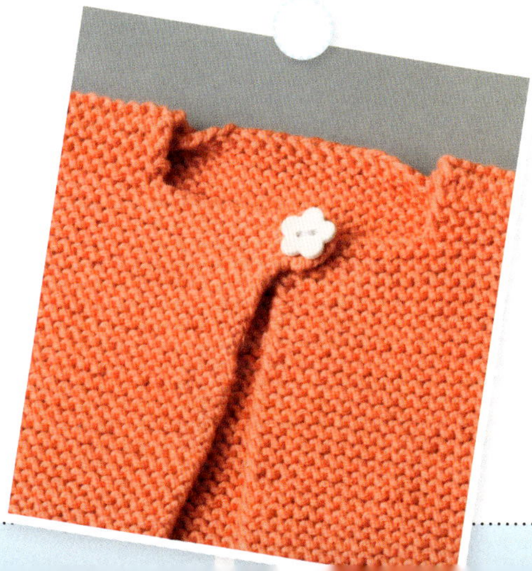

Anleitung Jacke mit kurzen Ärmeln

RECHTES VORDERTEIL

4.) Bei **18 (21/24)** cm Gesamthöhe die verbleibenden **27 (28/29)** M abketten.

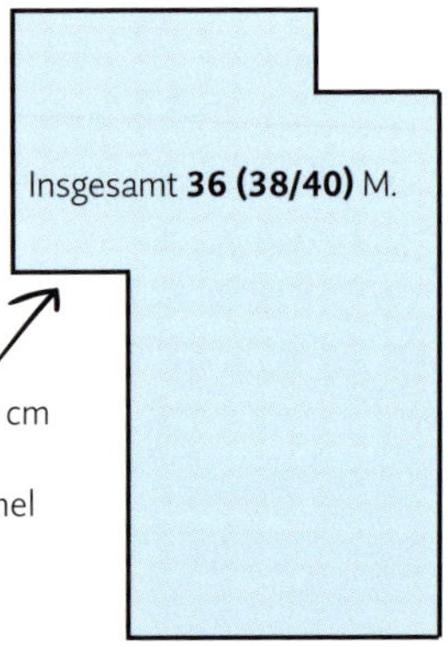

3.) Bei **15 (18/20)** cm Gesamthöhe **9 (10/11)** M für den Halsausschnitt abketten.

2.) Bei **8 (10/12)** cm Gesamthöhe 10 M für den Ärmel zunehmen.

1.) **26 (28/30)** M mit Nadeln Nr. 3 anschlagen. Kraus rechts stricken.

LINKES VORDERTEIL

4.) Bei **18 (21/24)** cm Gesamthöhe die verbleibenden **27 (28/29)** M abketten.

3.) Bei **15 (18/20)** cm Gesamthöhe **9 (10/11)** M für den Halsausschnitt abketten.

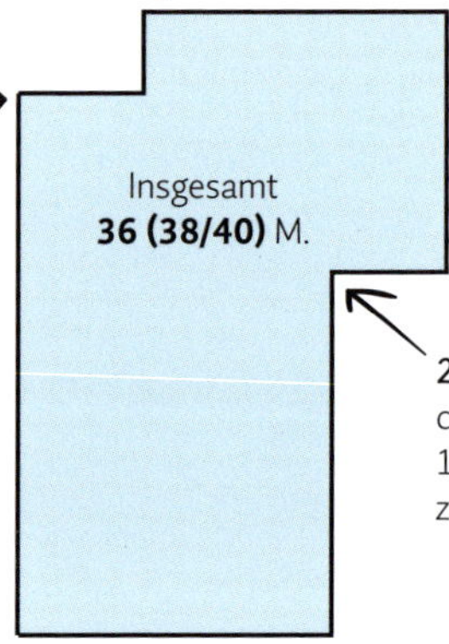

2.) Bei **8 (10/12)** cm Gesamthöhe 10 M für den Ärmel zunehmen.

1.) **26 (28/30)** M mit Nadeln Nr. 3 anschlagen. Kraus rechts stricken.

Zusammenfügen und fertigstellen

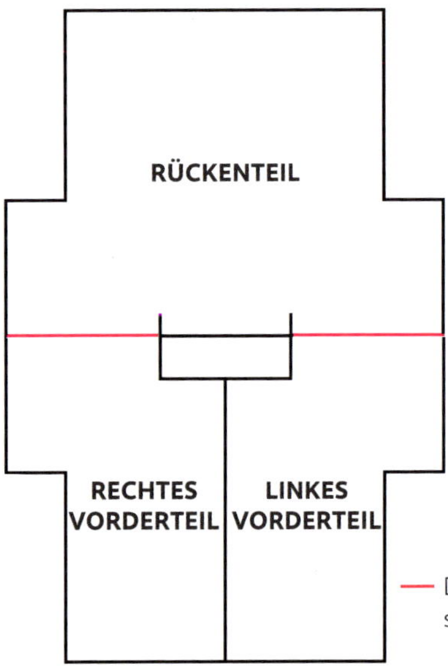

— Die Schulternähte schließen.

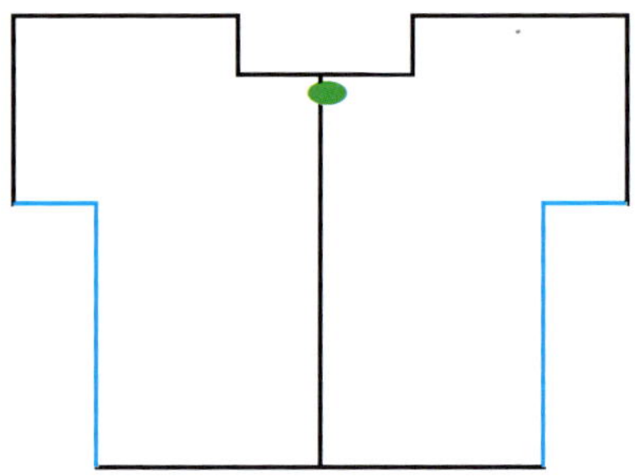

— Seitennähte und Ärmel unten schließen.

● Eine Schlaufe für den Knopf oben am halben rechten Vorderteil bilden und den Knopf gegenüber annähen.

27. Jacke mit kurzen Ärmeln

Größen

3 Monate (6 Monate / 12 Monate)

Material

◊ Phildar Phil Partner 3,5 (50 % Polyamid, 25 % Wolle, 25 % Polyacryl): **2 (3/3)** Knäuel in Pastellgrün
◊ Stricknadeln Nr. 3
◊ 40 cm Satinband (1 cm breit)

Schnittmuster

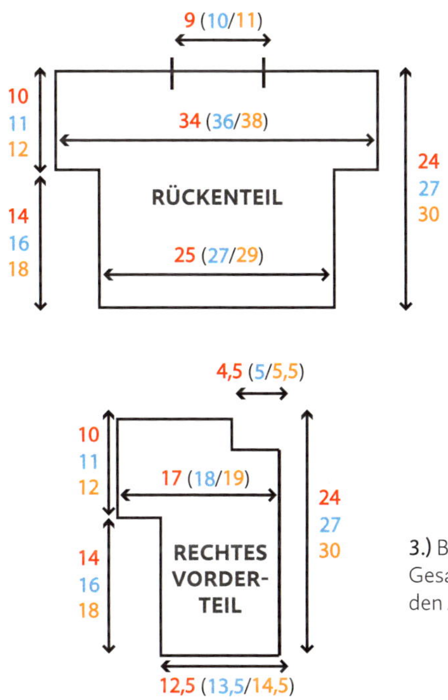

Strickmuster

◊ **Kraus rechts**

1. Reihe (Hinreihe): alle M rechts stricken.
2. Reihe (Rückreihe): alle M rechts stricken.
Diese 2 Reihen immer wiederholen.

Maschenprobe

Stellen Sie durch das Anfertigen einer Maschenprobe sicher, dass die Größe Ihrer Arbeit mit der Anleitung übereinstimmt.
Kraus rechts mit Nadeln Nr. 3:
10 cm = 23 M und 46 R.

Anleitung

RÜCKENTEIL

4.) Bei **24 (27/30)** cm Gesamthöhe die mittigen **21 (23/25)** M mit einem bunten Faden für den Ausschnitt kennzeichnen.

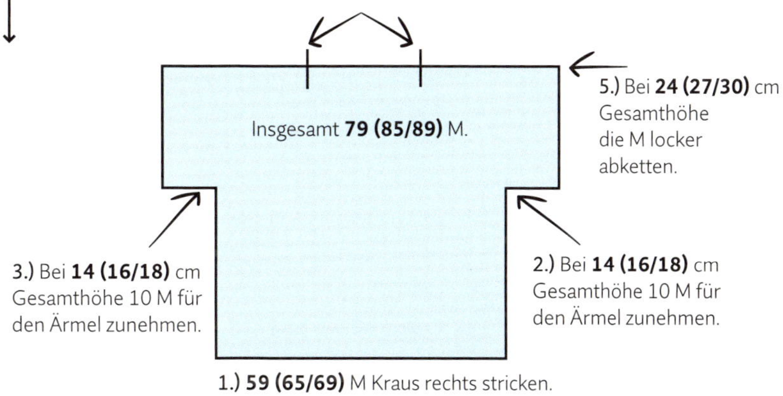

Anleitung Jacke mit kurzen Ärmeln

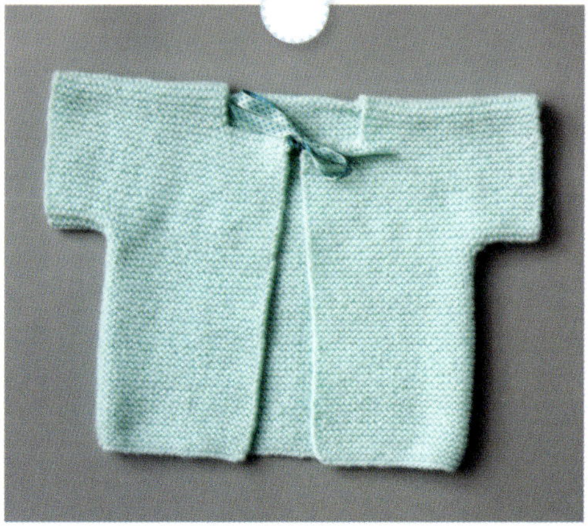

RECHTES VORDERTEIL

4.) Bei **24 (27/30)** cm Gesamthöhe die verbleibenden **31 (33/35)** M für die Schulter locker abketten.

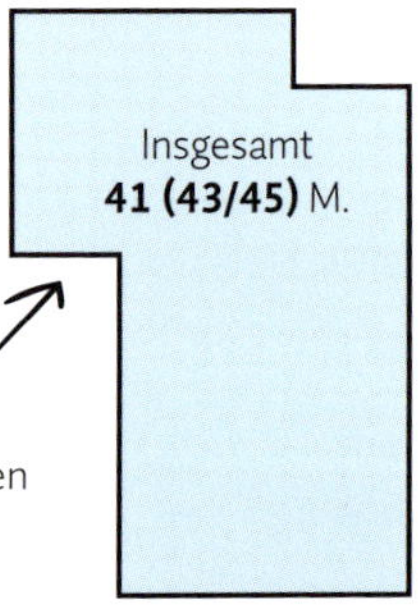

3.) Bei **21 (24/26)** cm Gesamthöhe **10 (11/12)** M für den Halsausschnitt abketten.

2.) Bei **14 (16/18)** cm Gesamthöhe 10 M für den Ärmel zunehmen.

1.) **31 (33/35)** M mit Nadeln Nr. 3 anschlagen. Kraus rechts stricken.

LINKES VORDERTEIL

4.) Bei **24 (27/30)** cm Gesamthöhe die verbleibenden **31 (33/35)** M für die Schulter locker abketten.

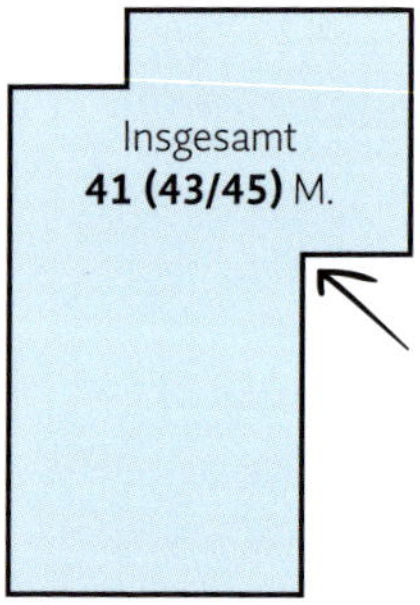

3.) Bei **21 (24/26)** cm Gesamthöhe **10 (11/12)** M für den Halsausschnitt abketten.

2.) Bei **14 (16/18)** cm Gesamthöhe 10 M für den Ärmel zunehmen.

1.) **31 (33/35)** M mit Nadeln Nr. 3 anschlagen. Kraus rechts stricken.

Zusammenfügen und fertigstellen

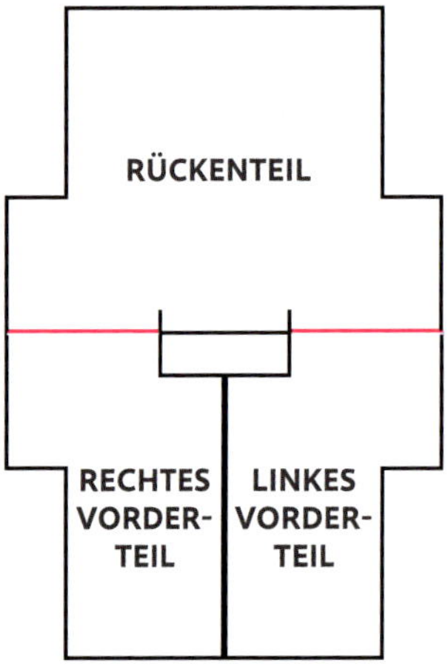

— Die Schulternähte schließen.

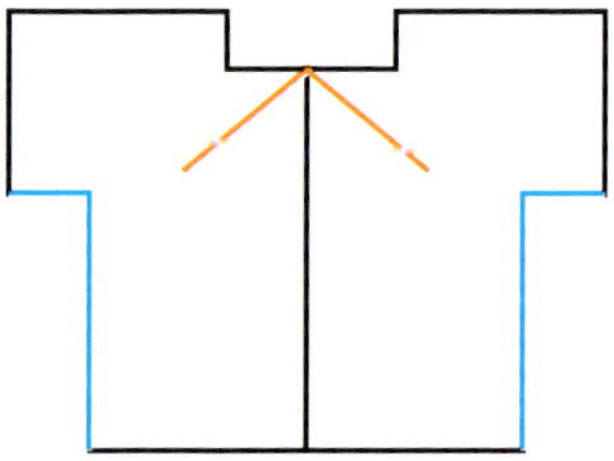

— Die Seiten- und Ärmelnähte unten schließen.

— Das Satinband in zwei gleich lange Stücke schneiden und je eines an den oberen Ecken der beiden Vorderteile annähen.

28. Schuhe

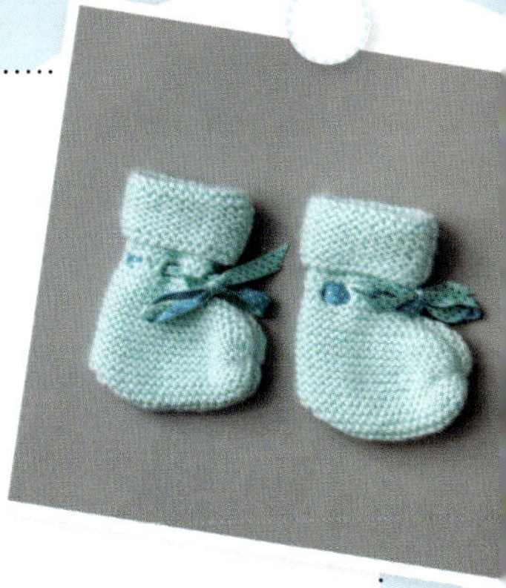

Einheitsgröße

Passend für 3 Monate.

Material

- ◊ Phildar Phil Partner 3,5 (50 % Polyamid, 25 % Wolle und 25 % Polyacryl): 1 Knäuel in Pastellgrün
- ◊ Stricknadeln Nr. 3
- ◊ 70 cm Satinband (1 cm breit)

Strickmuster

◊ **Kraus rechts**

1. Reihe (Hinreihe): alle M rechts stricken.
2. Reihe (Rückreihe): alle M rechts stricken.
Diese 2 Reihen immer wiederholen.

◊ **Lochreihe**

3 M rechts, * 1 Umschlag, 2 M rechts zusammen und 1 M rechts* stricken, von * bis * bis zum Ende der R wiederholen.

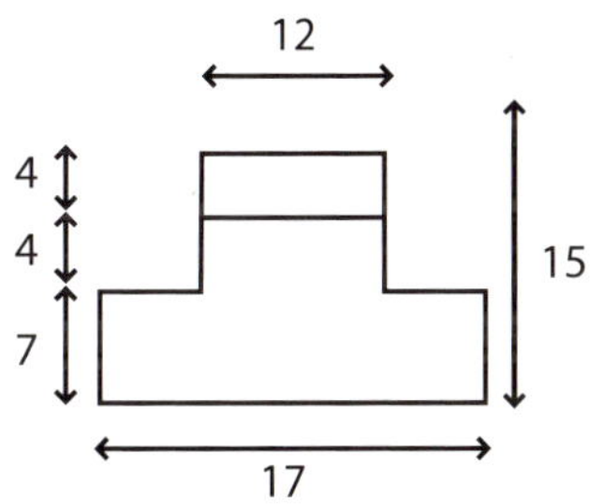

Anleitung

SCHÜHCHEN
2-MAL STRICKEN

5.) Bei 15 cm Gesamthöhe die M locker abketten.

4.) Bei 8 cm Gesamthöhe eine Lochreihe stricken (Anleitung für die Lochreihe siehe unter „Strickmuster").

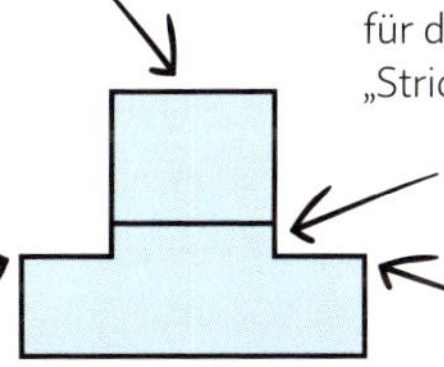

3.) Bei 7 cm Gesamthöhe 7 M abketten. Es bleiben 29 M stehen.

1.) 43 M. mit Nadeln Nr. 3 anschlagen. Kraus rechts stricken.

2.) Bei 7 cm Gesamthöhe 7 M abketten. Es bleiben 36 M stehen.

Zusammenfügen und fertigstellen

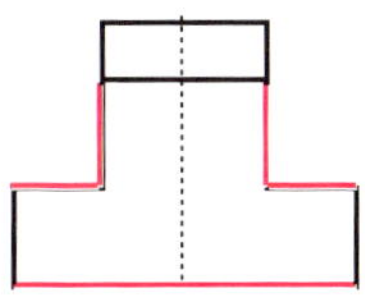

Das Schühchen in der Mitte falten.

Die Sohlen- und Schaftnaht schließen, dazu den Schaft bei 4 cm nach außen umschlagen.

Die Naht oben am Fußrücken schließen.

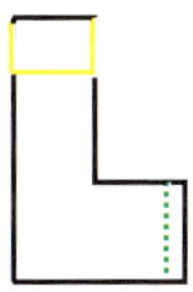

Den Schaft bei 4 cm nach außen umschlagen.

Einen Faden durch das Fußende führen und festziehen.

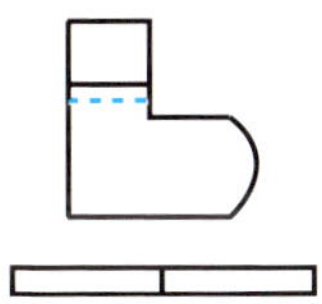

Das Satinband in zwei gleich lange Stücke schneiden.

Das Band durch die Lochreihe führen und eine Schleife bilden.

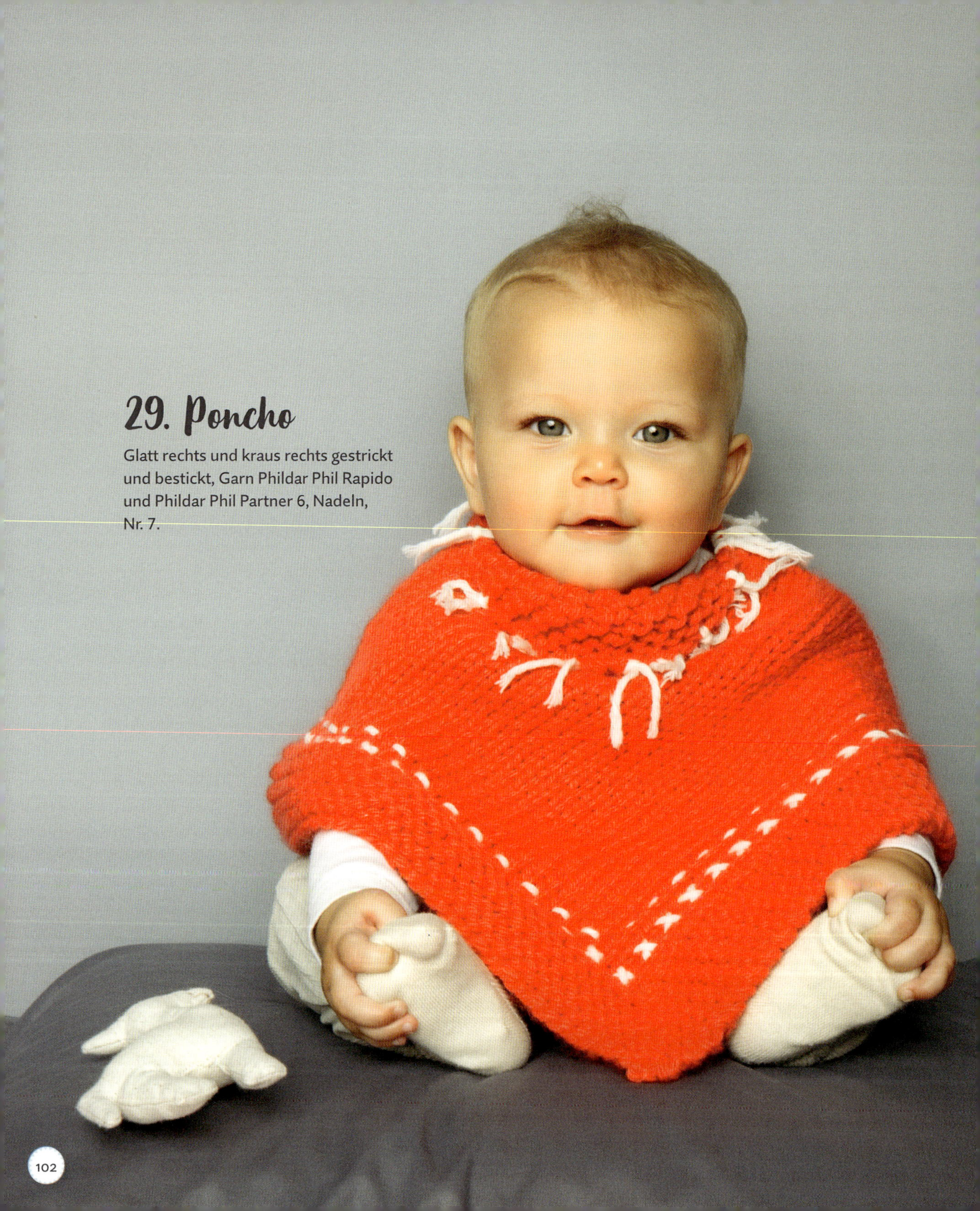

29. Poncho

Glatt rechts und kraus rechts gestrickt und bestickt, Garn Phildar Phil Rapido und Phildar Phil Partner 6, Nadeln, Nr. 7.

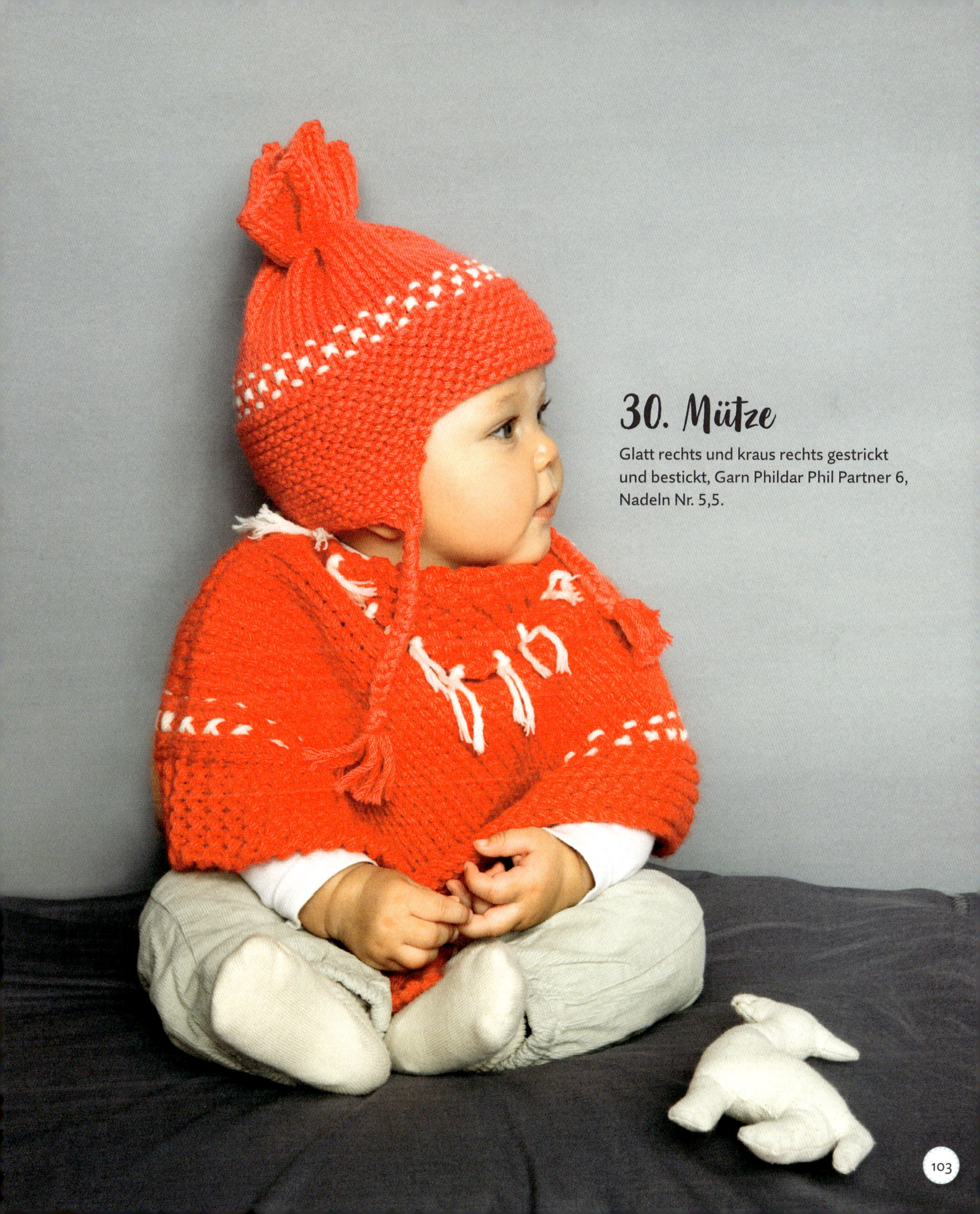

30. Mütze

Glatt rechts und kraus rechts gestrickt und bestickt, Garn Phildar Phil Partner 6, Nadeln Nr. 5,5.

29. Poncho

Größen

3–6 Monate (12 Monate)

Die Anleitung ist in 2 Größen verfasst. Die am Anfang des Projekts angegebene Reihenfolge der Größen entspricht der Ziffernfolge in den Schnittmustern. Nebeneinander angeordnete Ziffern geben die Maschenzahl an, untereinander stehende sind Zentimeterangaben.
Beispiel: Für die Größe 3–6 Monate müssen Sie sich in Anleitung und Schnittmuster an die ersten Ziffern halten.

Material

- Phildar Phil Rapido (50 % Polyamid, 25 % Wolle, 25 % Polyacryl): **4 (4)** Knäuel in Rot
- Phildar Phil Partner 6 (50 % Polyamid, 25 % Wolle und 25 % Polyacryl): **1 (1)** Knäuel in Wollweiß
- Stricknadeln Nr. 7

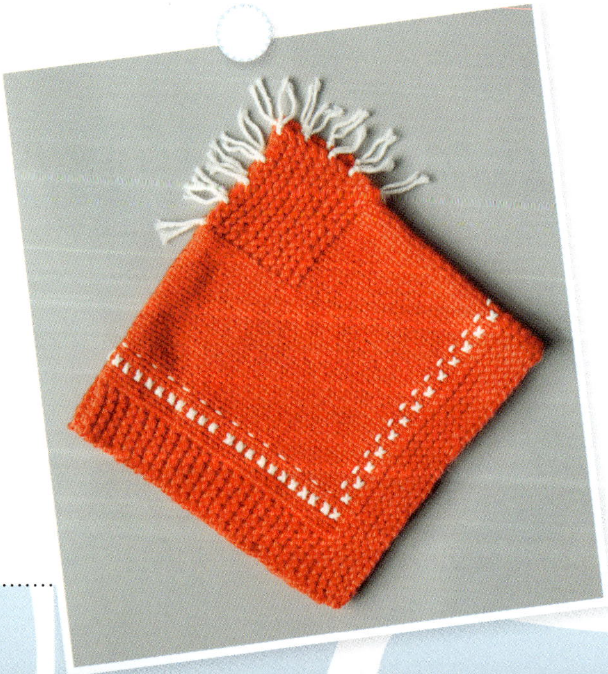

Strickmuster

- **Kraus rechts**
  1. Reihe (Hinreihe): alle M rechts stricken.
  2. Reihe (Rückreihe): alle M rechts stricken.
  Diese 2 Reihen immer wiederholen.
- **Glatt rechts**
  1. Reihe (Hinreihe): alle M rechts stricken.
  2. Reihe (Rückreihe): alle M links stricken.
  Diese 2 Reihen immer wiederholen.

Außerdem: Stickerei in Rückstich und Kreuzstich.

Maschenprobe

Stellen Sie durch das Anfertigen einer Maschenprobe sicher, dass die Größe Ihrer Arbeit mit der Anleitung übereinstimmt.
Glatt rechts mit Nadeln Nr. 7:
10 cm = 11 M und 16 R.

Schnittmuster

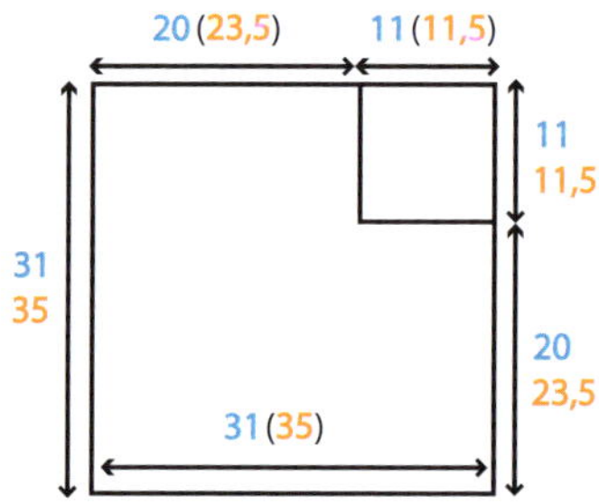

Anleitung

1. SEITE

4.) Bei **31 (35)** cm Gesamthöhe die M abketten.

3.) Bei **20 (23,5)** cm Gesamthöhe **13 (15)** M kraus rechts, **18 (19)** M glatt rechts und 6 M kraus rechts stricken.

2.) **31 (34)** M glatt rechts und 6 M kraus rechts stricken.

1.) **37 (40)** M mit Nadeln Nr. 7 in Rot anschlagen. 10 R kraus rechts stricken.

2. SEITE

4.) Bei **31 (35)** cm Gesamthöhe die M abketten.

3.) Bei **20 (23,5)** cm Gesamthöhe 6 M kraus rechts, **18 (19)** M glatt rechts und **13 (15)** M kraus rechts stricken.

2.) **6 M** kraus rechts und **31 (34)** M glatt rechts stricken.

1.) **37 (40)** M mit Nadeln Nr. 7 in Rot anschlagen. 10 R kraus rechts stricken.

Zusammenfügen und fertigstellen

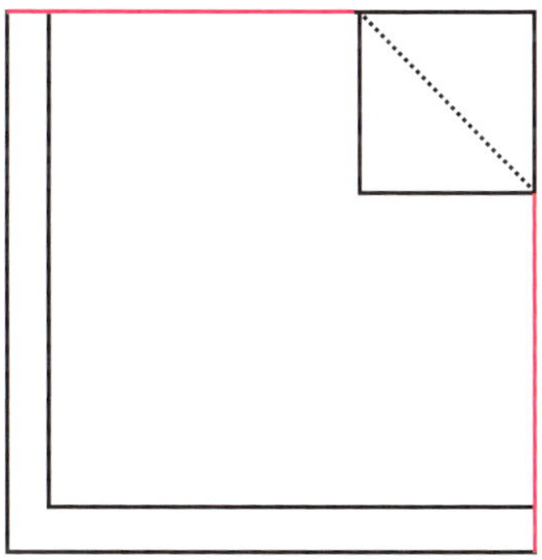

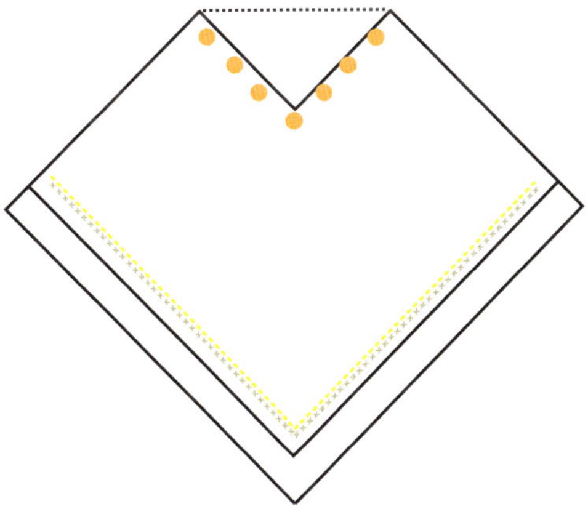

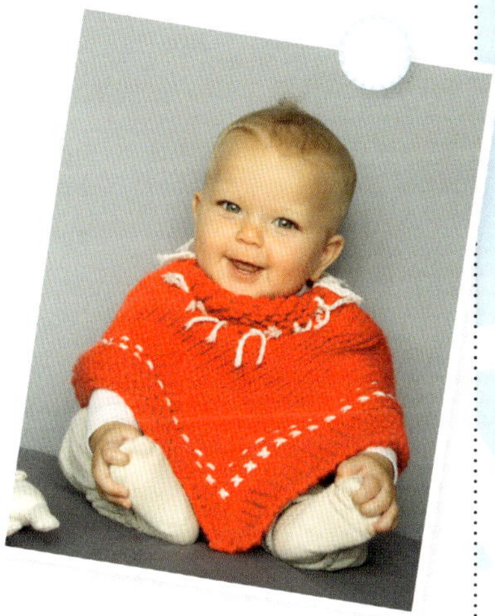

Die 1. Seite rechts auf rechts auf die 2. Seite legen und die Seitennähte bis zur Krausrippe des Kragens schließen.

Den Kragen umschlagen.

In Wollweiß in Kreuzstich auf die 2. R glatt rechts seitlich nach den 6 M kraus rechts eine Linie sticken – pro M bzw. R ein Kreuz. Dann im Abstand von 1 M bzw. von 1 R in Rückstich eine Linie sticken. Die Stiche haben die Länge einer Masche und es wird auf jede 2. M ein Stich gesetzt. Der Rückstich steht um 1 M versetzt zum Kreuzstich.

Fransen aus 2 Fäden in Wollweiß herstellen und wie gezeigt am Kragen befestigen.

30. Mütze

Größen

3–6 Monate (12 Monate)

Die Anleitung ist in 2 Größen verfasst. Die am Anfang des Projekts angegebene Reihenfolge der Größen entspricht der Ziffernfolge in den Schnittmustern. Nebeneinander angeordnete Ziffern geben die Maschenzahl an, untereinander stehende sind Zentimeterangaben.
Beispiel: Für die Größe 3–6 Monate müssen Sie sich in Anleitung und Schnittmuster an die ersten Ziffern halten.

Material

- Phildar Phil Partner 6 (50 % Polyamid, 25 % Wolle, 25 % Polyacryl): **2 (2)** Knäuel in Rot, 1 Knäuel in Wollweiß
- Stricknadeln Nr. 5,5

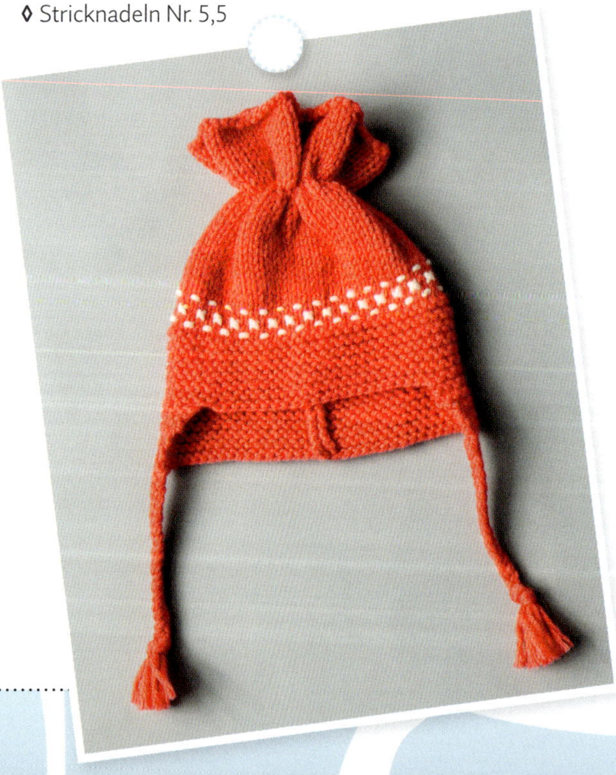

Strickmuster

- **Kraus rechts**
  - **1. Reihe (Hinreihe):** alle M rechts stricken.
  - **2. Reihe (Rückreihe):** alle M rechts stricken.
  - Diese 2 Reihen immer wiederholen.
- **Glatt rechts**
  - **1. Reihe (Hinreihe):** alle M rechts stricken.
  - **2. Reihe (Rückreihe):** alle M links stricken.
  - Diese 2 Reihen immer wiederholen.

Außerdem: Stickerei in Rückstich und Kreuzstich.

Maschenprobe

Stellen Sie durch das Anfertigen einer Maschenprobe sicher, dass die Größe Ihrer Arbeit mit der Anleitung übereinstimmt.
Glatt rechts mit Nadeln Nr. 5,5:
10 cm = 15 M und 21 R.

Schnittmuster

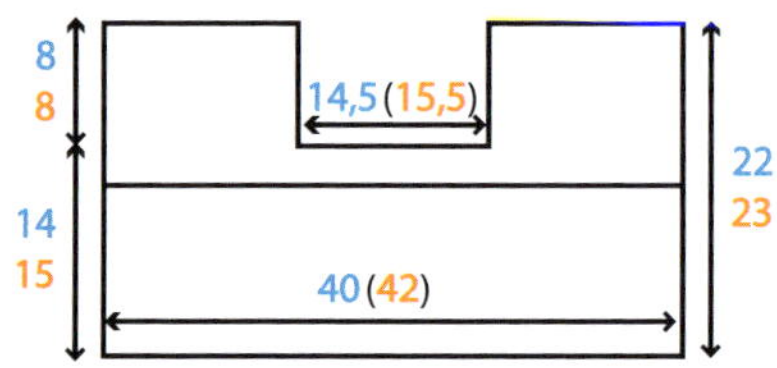

Anleitung

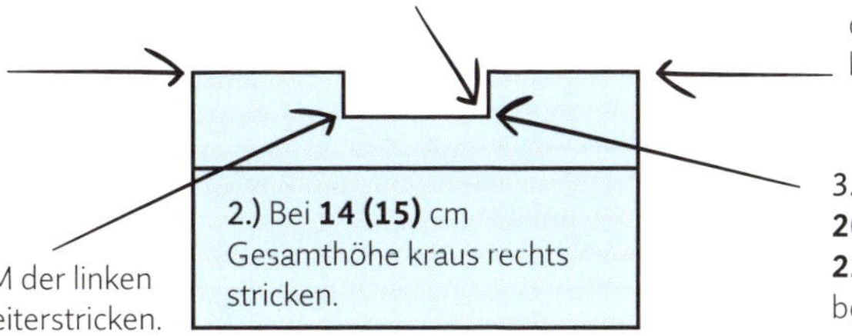

1.) **62 (66)** M mit Nadeln Nr. 5,5 anschlagen. Glatt rechts stricken.

2.) Bei **14 (15)** cm Gesamthöhe kraus rechts stricken.

3.) Bei **18 (19)** cm Gesamthöhe **20 (21)** M stricken, die mittigen **22 (24)** M abketten und die R beenden.

4.) Die M der linken Seite weiterstricken.

5.) Bei **22 (24)** cm Gesamthöhe die verbleibenden **20 (21)** M locker abketten.

6.) Die **20 (21)** M der rechten Seite wieder aufnehmen und kraus rechts weiterstricken.

7.) Bei **22 (24)** cm Gesamthöhe die verbleibenden **20 (21)** M locker abketten.

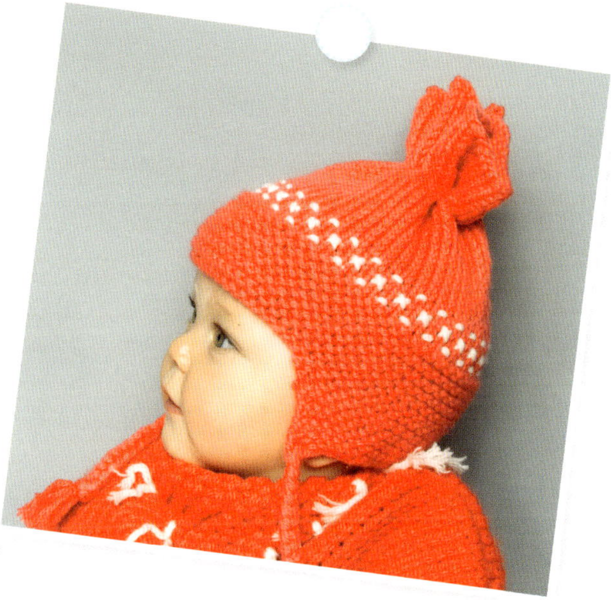

Zusammenfügen und fertigstellen

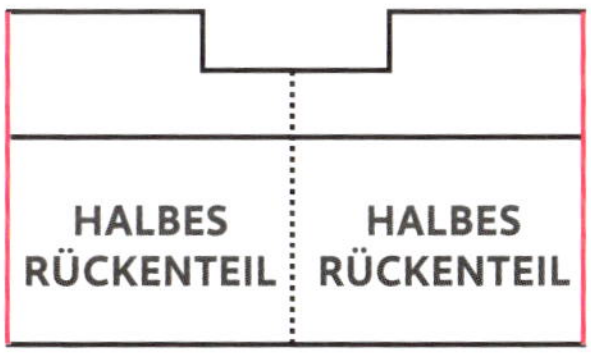

······ Die Mütze in der Mitte falten.

— Die Mütze mit einer unsichtbaren Naht schließen.

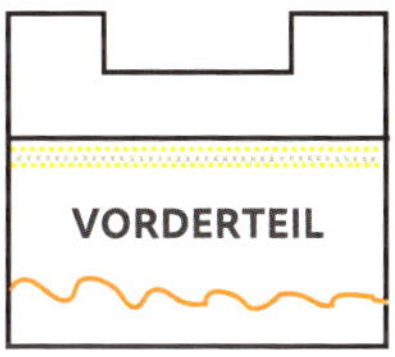

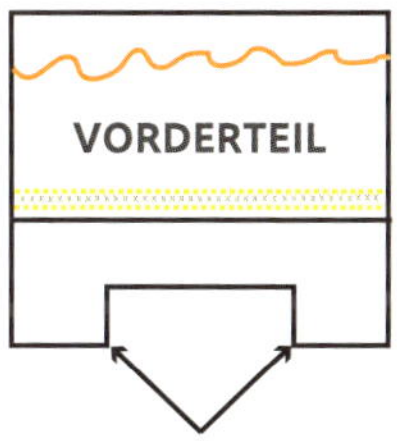

In Wollweiß in Kreuzstich unter die Krausrippe eine Linie sticken – pro M bzw. R ein Kreuz. Dann im Abstand von 1 M bzw. von 1 R in Rückstich eine Linie sticken. Die Stiche haben die Länge einer Masche und es wird auf jede 2. M ein Stich gesetzt. Der Rückstich steht um 1 M versetzt zum Kreuzstich. Eine weitere Reihe versetzt dazu im Kreuzstich ausführen.

4,5 cm unterhalb der Gesamthöhe einen Faden durchführen und festziehen.

2 Kordeln aus 12 Fäden mit einer Länge von ca. 14 cm flechten und an beiden Seiten befestigen.

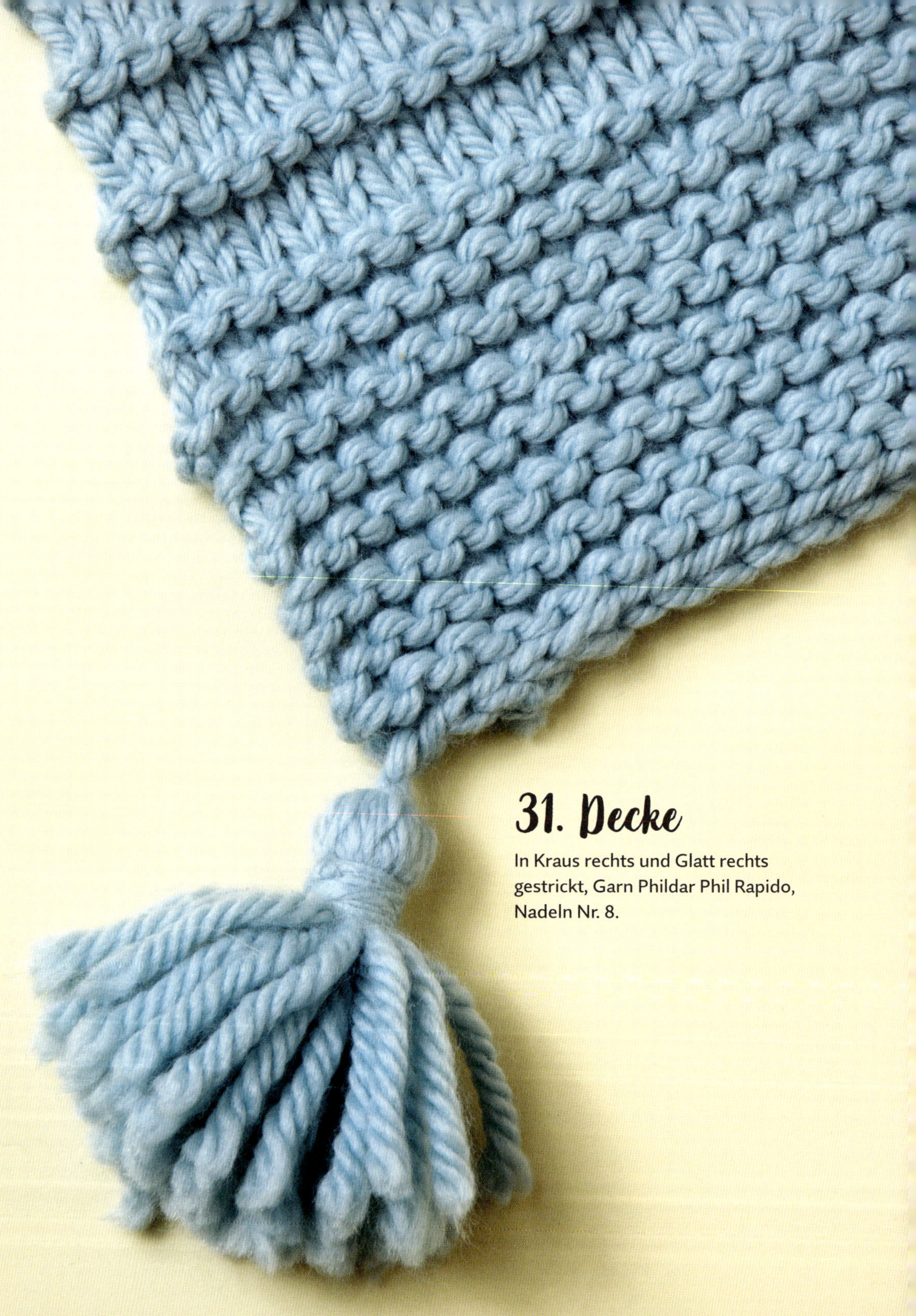

31. Decke

In Kraus rechts und Glatt rechts gestrickt, Garn Phildar Phil Rapido, Nadeln Nr. 8.

31. Decke

Maße

50 x 70 cm

Material

◊ Phildar Phil Rapido (50 % Polyamid, 25 % Wolle, 25 % Polyacryl): 8 Knäuel in Hellblau
◊ Nadeln Nr. 8

Strickmuster

◊ Kraus rechts

1. Reihe (Hinreihe): alle M rechts stricken.
2. Reihe (Rückreihe): alle M rechts stricken.
Diese 2 Reihen immer wiederholen.

◊ Krausrippen

1. Reihe (Hinreihe): alle M rechts stricken.
2. Reihe (Rückreihe): alle M links stricken.
3. Reihe (Hinreihe): alle M rechts stricken.
4. Reihe (Rückreihe): alle M rechts stricken.
Diese 4 Reihen immer wiederholen.

Maschenprobe

Stellen Sie durch das Anfertigen einer Maschenprobe sicher, dass die Größe Ihrer Arbeit mit der Anleitung übereinstimmt.
Krausrippen mit Nadeln Nr. 8:
20 cm = 25 M und 27 R.

Schnittmuster

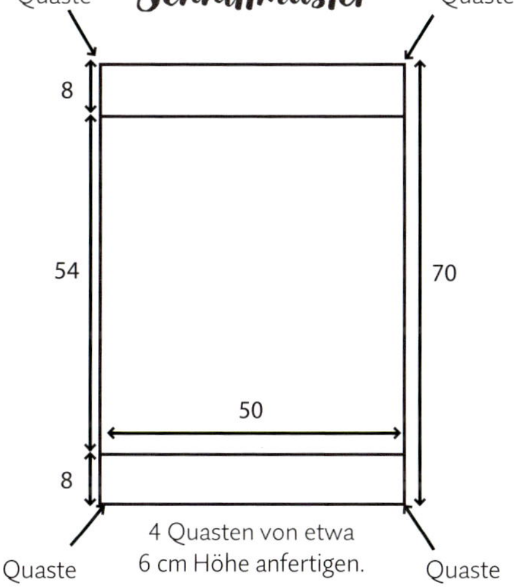

Anleitung

4.) Bei 70 cm Gesamthöhe alle Maschen locker abketten.

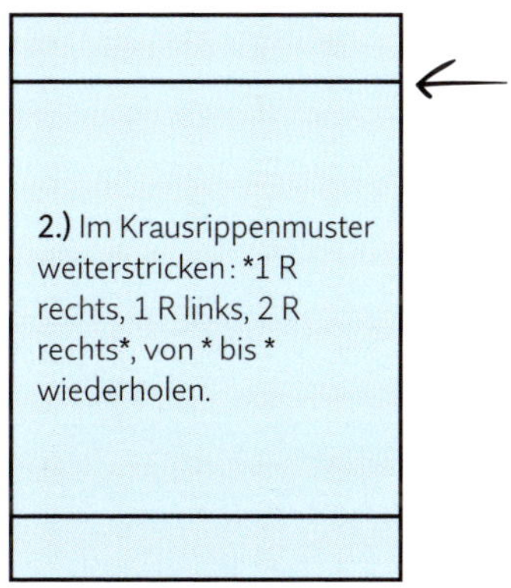

3.) Ab 62 cm Gesamthöhe kraus rechts weiterstricken.

1.) 64 M mit Nadeln Nr. 8 anschlagen, dann 8 cm in Kraus rechts stricken.

Dank

Ein herzliches Dankeschön an unsere kleinen Modelle Mya, Eloïse, Anatole und Yann sowie die Agentur Cute.

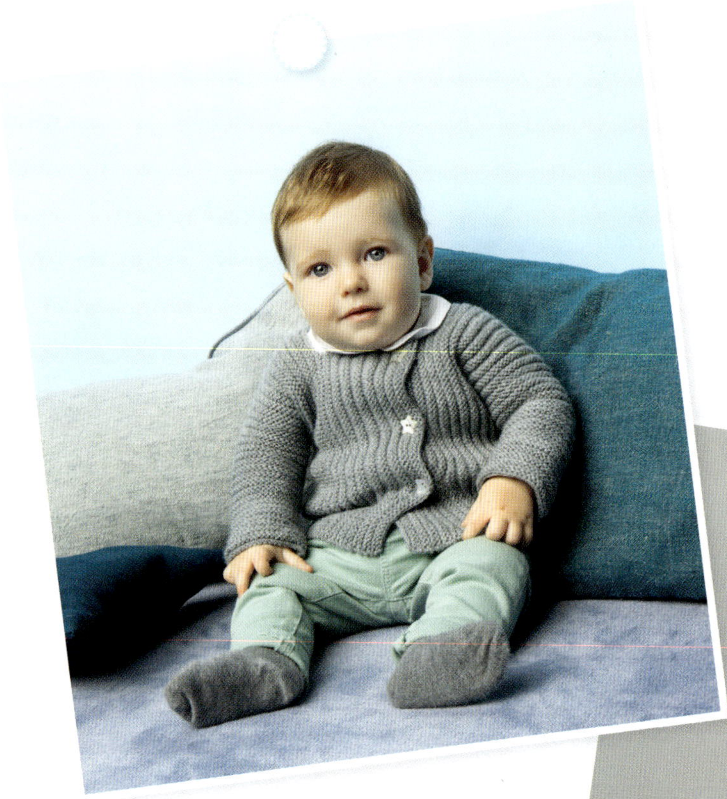

Anatole

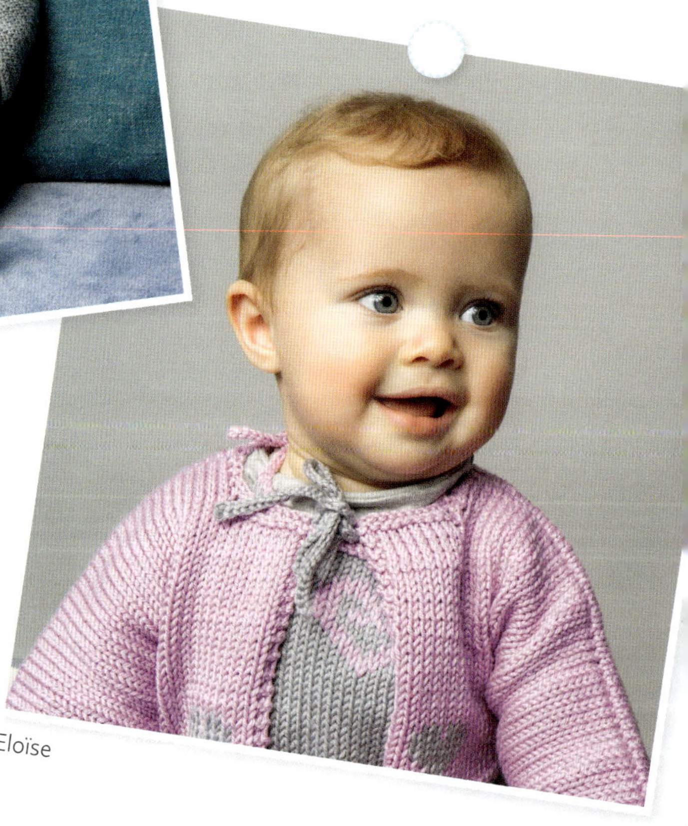

Eloïse

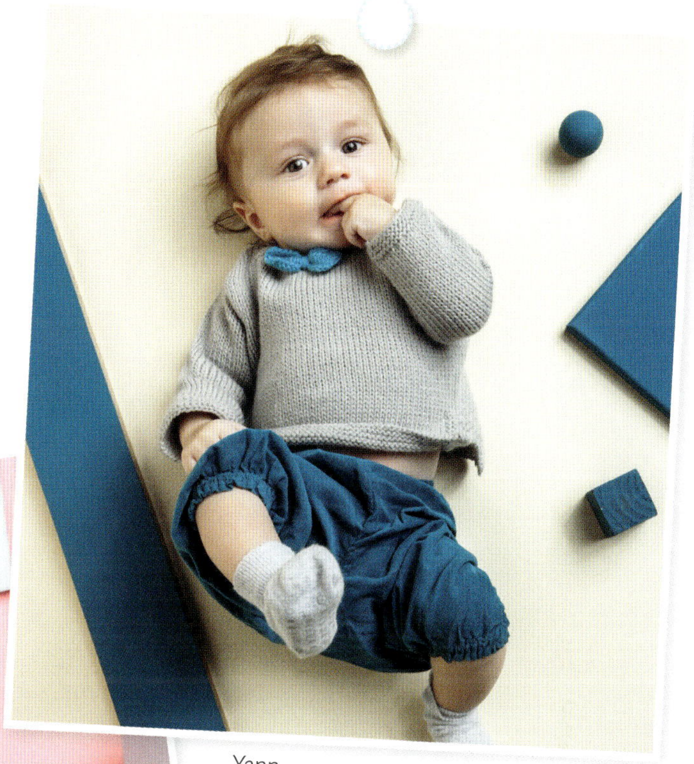

Yann

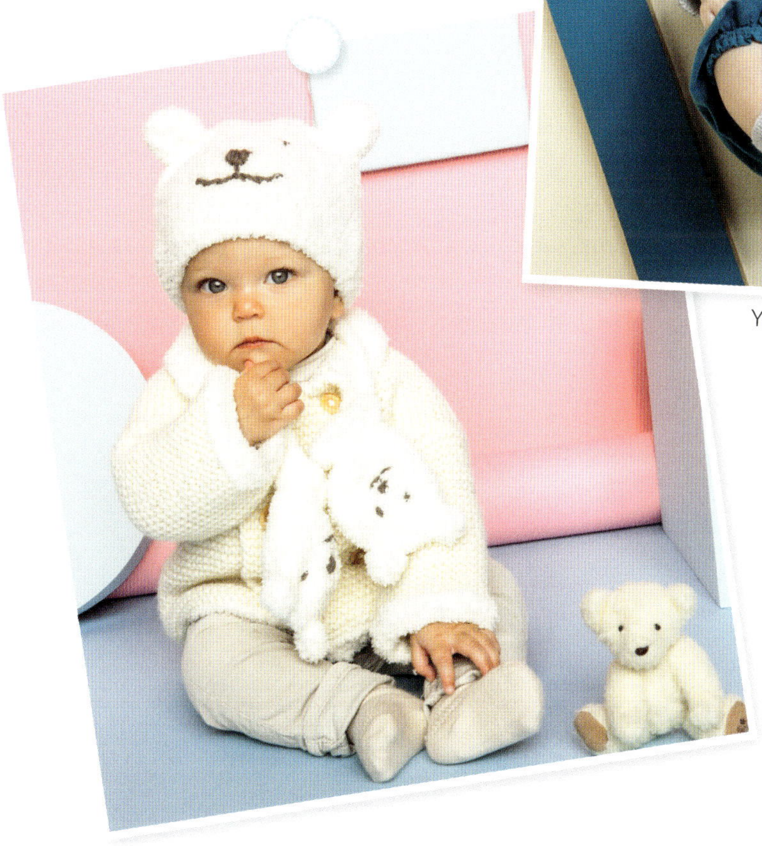

Mya

ISBN 978-3-8094-4480-0

1. Auflage

Die Originalausgabe erschien auf Französisch unter dem Titel *Layette facile*

Modellentwürfe: Frédérique Alexandre für Phildar
Anleitungen, Schnittmuster und Zeichnungen: Yolaine Fournie
Fotos: Pierre Nicou
Styling: Kathrin Lezinsky

Projektleitung dieser Ausgabe: Dr. Iris Hahner
Umschlaggestaltung: Atelier Versen, Bad Aibling
Übersetzung: Übersetzung: SAW Communications, Gesa Mattiesch
Redaktion und Producing: SAW Communications, Redaktionsbüro Dr. Sabine A. Werner, Mainz
Satz: SAW Communications in Zusammenarbeit mit alles mit Medien,
Anke Enders, Sprendlingen
Herstellung: Elke Cramer

Druck und Bindung: DZS Grafik d.o.o., Ljubljana

Printed in Slovenia

MIX
Papier aus verantwortungsvollen Quellen
FSC® C106600
FSC
www.fsc.org

Penguin Random House Verlagsgruppe FSC ® N001967